周作人著作

鲁迅的青年时代

锺叔河——编订

岳麓書社·长沙

中国青年出版社本《鲁迅的青年时代》

编者的话

钟叔河

一九八七年一月三日《光明日报》上，岳麓书社刊出了我拟稿的一帧广告（左图），宣布了书社和我对重印周作人著作的观点：

“人归人，文归文。周作人其人的是非功过是另一问题，其书的主要内容是对传统文化和国民性进行反思，对中国—西方和中国—日本的文化历史进行比较研究，今之读者却不可不读。……”

随即便开始出书。既出周作人著作的单行本，也出精装合订本。两年之间，出了二十四种。

书当然不是想出便能出的，得按规矩，走程序。周家授权了，报告批复了，宋木文、杨牧之、伍杰各位领导都当面或来信表示应允和支持了，便能够出了。

出就得出好。当时强调了两条：（一）因为均系据旧本重印，所以一定要认真校订，尽力改正旧本误植失校的错误；（二）因为手稿不存，无法对勘，所以一定要详出校记，改动处一概保留原文，承担责任。

这两条，读者看来大都是认可的。直到如今，在旧书网上，八十年代“岳麓版”的周作人著作，始终都卖得不错。

现在，岳麓书社决定又来出版周作人著作，仍然要我负责编订，做法则一仍其旧。主要还是这些书，还是这两条，新的广告也就不必再做了。

鄢琨君三十年前和我同编了这些书，此次仍然合作，蒋浩君也参加了进来。校记原列表在书末，如今改作尾注。二君新增校改之处，分别标出“鄢校”“蒋校”，特此说明，并志感谢。

二〇一八年五月十五日于长沙。

出版题记

《鲁迅的青年时代》，一九五七年三月中国青年出版社初版，署周启明著，有序言一篇，收文十三篇，附周静子文一篇，又附录旧作三篇，今即据此本校订重印。

作者原来写“故家”和“小说里的人物”的书，都是由随写随刊《亦报》的小文章编成的。一九五二年《亦报》停刊后，有四年多未向报刊投稿（一九五四年曾因张次溪请向《人民日报》寄文一篇被退稿），只从事翻译。直至一九五六年提出“双百方针”，又逢鲁迅去世二十周年，才又应约写了《(鲁迅的）避难》《鲁迅在南京学堂》等篇，发表在《中国青年报》《新华日报》等报刊上，从而恢复了“写小文章”的活动。本书也就是在这样的形势下出版的。

本书第一篇《鲁迅的青年时代》，包括了从《名字与别号》到《再是东京》十二篇文章，篇幅与其他十二篇大致为四与六之比。故全书所收文章的篇数，实际上应该是二十四篇。

附录旧作《关于〈阿Q正传〉》作于兄弟失和之前，其他两篇作于鲁迅去世当年，都是了解鲁迅和作者鲁迅观的重要文献。

二〇二〇年六月六日，锺叔河记于念楼。

目录

序言 …………………………………………………… 1

鲁迅的青年时代 ………………………………………… 3

一　名字与别号 ………………………………………… 3

二　师父与先生 ………………………………………… 6

三　遇见“闰土” ……………………………………… 10

四　祖父的故事 ……………………………………… 12

五　避难 ……………………………………………… 14

六　买新书 …………………………………………… 18

七　影写画谱 ………………………………………… 21

八　三味书屋 ………………………………………… 25

九　药店与当铺 ……………………………………… 30

一〇　往南京 ………………………………………… 34

一一　东京与仙台 …………………………………… 39

一二　再是东京 ……………………………………… 43

鲁迅的国学与西学 …………………………………… 50
鲁迅与中学知识 ………………………………………… 59
鲁迅的文学修养 ………………………………………… 65
鲁迅读古书 ……………………………………………… 72
鲁迅与歌谣 ……………………………………………… 80
鲁迅与清末文坛 ………………………………………… 86
鲁迅与范爱农 …………………………………………… 93
鲁迅与《弟兄》 ………………………………………… 103
鲁迅与《闰土》 ………………………………………… 111
鲁迅在南京学堂 ………………………………………… 115
鲁迅的笑 ………………………………………………… 120
回忆伯父鲁迅（附）（周静子） ……………………… 123
《阿Q正传》里的萝卜 ………………………………… 127

附录一　关于《阿Q正传》 …………………………… 132
附录二　关于鲁迅 ……………………………………… 139
附录三　关于鲁迅之二 ………………………………… 152

序言

今年十月值鲁迅去世二十周年纪念，有些报刊来找到我，叫写纪念文字，我既不好推辞，也实在觉得有点为难。这个理由很是简单明了的。因为我以前所写关于鲁迅的文章，一律以报告事实为主，而这事实乃是“事物”的一类，是硬性的存在，也是有限度的。我对报刊的同志们说，请大家原谅，写不出什么文章来，因为我没有写文章的资本了。我写那些旧文章的资本都是过去的事实，而那样的资本却有一定的限量，有如钞票似的，我所有的一札有一定的数目，用掉一张便少一张，自己不可能来制造加添的。各位都谅解我的意思，但还是要叫我写，我也不好再硬辞，只得答应下来，结果便是这几篇文字。承中国青年出版社的盛意，肯给我印成小册子，这是我所感谢的，但如上文所说，这些文章或者内容不大充实，要请读者原谅，只是空想乱说的话那我可以保证是没有的。不过话又说了回来，这比起我以前所写的或者有地方还较为得要领些，不是那么的散漫，有地方也供给了些新的事实，虽然这分量不多。《西北大学简报》上登载一篇我的女儿所写的纪念文，里边说到有些小事情，例如鲁迅不爱理发的一节，颇能补足我们的缺漏，也就抄来附在里边了。除了这些新写的文章以外，我又把旧稿三篇找了出来，作为附录，加在末尾。其中一篇是《阿Q正传》在《晨报副刊》上发表完了的时候，又两篇则是鲁迅刚去世后所写，也都有纪念的性质，重印出来，或者可以稍供读者的参考。

一九五六年十一月一日记于北京。

鲁迅的青年时代

一 名字与别号

题目是“鲁迅的青年时代”，但是我还得从他的小时候说起，因为在他生活中间要细分段落，是一件很不容易的事情，为的避免这个困难，我便决定了从头来说。我在这里所讲的都是事实，是我所亲自闻见，至今还有点记忆的，这才记录，若是别人所说，即便是母亲的话，也要她直接对我说过，才敢相信。只是事隔多年，至少有五十年的光阴夹在这中间，难免有些记不周全的地方，这是要请读者原谅的。

鲁迅原名周樟寿，是他的祖父介孚公给他所取的。他生于前清光绪辛巳八月初三日，即公元一八八一年九月二十五日。那时介孚公在北京当“京官”，在接到家信的那一日，适值有什么客人来访，便拿那人的姓来做名字，大概取个吉利的兆头，因为那些来客反正是什么官员，即使是穷翰林也罢，总是有功名的。不知道那天的客人是“张”什么，总之鲁迅的小名定为阿张，随后再找同音异义的字取作“书名”，乃是樟寿二字，号曰“豫山”，取义于豫章。后来鲁迅上书房去，同学们取笑他，叫他作“雨伞”，他听了不喜欢，请祖父改定，介孚公乃将山字去掉，改为“豫才”，有人加上木旁写作“豫材”，其实是不对的。

到了戊戌（一八九八）年，鲁迅是十八岁的时候，要往南京去进学堂，这时改名为周树人。在那时候中国还是用八股考试，凡有志上进的人必须熟读四书五经，练习八股文和试帖诗，辛苦应试，侥幸取得秀才举人的头衔，作为往上爬的基础。新式的学校还一个都没有，只有几个水陆师的学堂，养成海陆军的将校的，分设在天津、武昌、南京、福州等处，都是官费供给，学生不但不用花钱，而且还有津贴可领。鲁迅心想出外求学，家里却出不起钱，结果自然只好进公费的水陆师学堂，又考虑路程的远近，结果决定了往南京去。其实这里还有别一个，而且可以算是主要的缘因，乃是因为在南京的水师学堂里有一个本家叔祖，在那里当“管轮堂”监督，换句话说便是“轮机科舍监”。鲁迅到了南京，便去投奔他，暂住在他的后房，可是这位监督很有点儿顽固，他虽然以举人资格担任了这个差使，但总觉得子弟进学堂“当兵”不大好，至少不宜拿出家谱上的本名来，因此就给他改了名字，因为典故是出于“百年树人”的话，所以豫才的号仍旧可以使用，不曾再改。后来水师学堂退学，改入陆师学堂附设的路矿学堂，也仍是用的这个名字和号。

在南京学堂的时期，鲁迅才开始使用别号。他刻有一块石章，文云“戎马书生”，自己署名有过一个“戛剑生”，要算早，因为在我的庚子（一九〇〇）年旧日记中，抄存有戛剑生“莳花杂志”等数则，又有那年除夕在家里所作的《祭书神文》上边也说“会稽戛剑生”，可以为证。此外从“树人”这字面上，又变出“自树”这个别号，同时大概取索居独处的意思，自称“索士”或“索子”，这都是在他往日本留学之后，因为这在我癸卯甲辰（一九〇三至一九〇四）年的日记上出现，可见以前是未曾用的。一九〇七年以后，《河南》杂志请他写文章，那时他的署名是用“迅行”或“令飞”，这与他的本名别无连系，大概只是取前进的意思吧。中间十个年头过去了，到了“五四”以后，他又开始给《新青年》写文章，那时主编的陈独秀、胡适之等人定有一个清规，便是不赞成匿名，用别号也算是不负责任，必须使用真姓名。鲁迅虽然是不愿意，但也不想破坏这个规矩，他便在“迅行”上面减去“行”字，加上了“鲁”字作姓，就算是敷衍过去了。这里他用的是母亲的姓，因为他怕姓周使人家可以猜测，所以改说姓鲁，并无什么别的意思。他那时本有“俟堂”这个别号，也拿出来应用，不过倒转过来，又将堂字写作唐，成为“唐俟”，多使用于新诗和杂感，小说则专用“鲁迅”，以后便定了下来，差不多成为本名了。他写《阿Q正传》时特别署过“巴人”的名字，但以后就不再使用。这里所说差不多至一九二〇年为止。这以后，他所用的笔名很多，现在不再叙述了。

二　师父与先生

鲁迅小时候的事情，实在我知道得并不多，因为我要比他小三岁，在我刚七八岁有点知识懂人事的时候，他已经过了十岁了。个人的知识记忆各有不同，像我自己差不多十岁以前的事全都不记得了，现在可以纪录下来的只是一二另碎的片段而已。因为生下来是长子，在家庭里很是珍重，依照旧时风俗，为的保证他长大，有种种的仪式要举行。除了通行的“满月”和“得周”的各样的祭祀以外，还要向神佛去

“记名”。所谓记名即是说把小孩的名字记在神或佛的账上，表示他已经出了家了，不再是人家的娇儿，免得鬼神妒忌，要想抢夺了去。鲁迅首先是向大桶盘（地名，本来是一个大湖）的女神记名，这女神不知道是什么神道，仿佛记得是九天玄女，却也不能确定。记了名的义务是每年有一次，在一定的期间内要去祭祀“还愿”，备了小三牲去礼拜。其次又拜一个和尚为师，即是表示出家做了沙弥，家里对于师父的报酬是什么，我不知道，徒弟则是从师父领得一个法名，鲁迅所得到的乃是长根二字。师父自己的法号却似乎已经失传，因为我们只听别人背后叫他“阿隆”，当面大概是隆师父吧，真名字不知道是什么隆或是隆什么了。他住的地方距离鲁迅的家不远，是东昌坊口迤北塔子桥头的长庆寺，那法名里的“长”字或者即是由寺名而来，也未可知。我又记得那大桶盘庙的记名也是有法名的，却是不记得了，而且似乎那法名的办法是每个轮番用神名的一字，再配上别一个字去便成，但是如果她是九天玄女，那末女字如何安排，因此觉得这个记忆未必是确实的了。

小孩的装饰大抵今昔南北还没有什么大的不同，例如老虎头鞋和帽，至今也还可以看到。但是有些东西却已经没人知道了，百家衣即是其一。这是一件斜领的衣服，用各色绸片拼合而成，大概是在模仿袈裟的做法吧，一件从好些人家拼凑出来的东西似乎有一种什么神力，这在民俗上也是常有的事情。此外还有一件物事，在绍兴叫作“牛绳”，原义自然是牵牛的绳索，作为小孩的装饰乃是用红丝线所编成，有小指那么粗，长约二尺之谱，两头打结，套在脖子上，平常未必用，若是要出门去的时候，那是必须戴上的。牛绳本身只是一根索子便已够了，但是它还有好些附属品，都是有辟邪能力的法物，顺便挂在一起了。这些物件里边，我所知道的有小铜镜，叫做“鬼见怕”的一种贝壳，还有一寸多长的小本“黄历”，用红线结了网装着。据说鲁迅用过的一根牛绳至今还保存着，这也是可能的事，至于有人说这或是隆师父的赠品，则似未可信，因为我们不曾拜过和尚为师的人，在小时候同样的挂过牛绳，可见这原是家庭里所自备的了。

鲁迅的“开蒙”的先生是谁，有点记不清了，可能是叔祖辈的玉田或是花塍吧。虽然我记得大约七八岁的时候同了鲁迅在花塍那里读过书，但是初次上学所谓开蒙的先生照例非秀才不可，那末在仪式上或者是玉田担任，后来乃改从花塍读书的吧。这之后还跟子京读过，也是叔祖辈的一人，这人有点儿神经病，又是文理不通，本来不能当先生，只因同住在一个院子里，相距不到十步路，所以便去请教他。这期间不知道有多久，只是他教了出来许多笑话，终于只好中止了。这事相隔很久，因为可笑，所以至今清楚的记得。第一次是给鲁迅“对课”，出三字课题云“父攘羊”，大约鲁迅对的不合适，先生为代对云“叔偷桃”。这里“羊”“桃”二字都是平声，已经不合对课的规格，而且还把东方朔依照俗音写成“东方叔”，又是一个别字。鲁迅拿回来给父亲看，伯宜公大为发笑，但也就搁下了。第二次给讲书，乃是《孟子》里引《公刘》的诗句，到“乃裹糇粮”，他把第三字读作“猴”字，第二字读为“咕”，说道：公刘那时那么的穷困，他连胡狲袋里的果子也“咕”的挤出来拿了去了！伯宜公听了也仍然微笑，但从第二天起便不再叫小孩到那边去上学了。这个故事有点近于笑话，而且似乎编造得有点牵强，其实如果我不是在场亲自听见，也有这种感觉，可见实人实事有些也很奇特，有时会得比编造的更奇特的。

上边所说的事记不清是在哪一年，但鲁迅已经在读《孟子》，那是很明了确实的。可能这是在光绪壬辰（一八九二）年，这之后他便进了三味书屋跟寿镜吾先生读书去了。总之次年癸巳（一八九三）他已在那里上学，那是不成问题的，但曾祖母于壬辰除夕去世，新年匆忙办理丧事，不大可能打发他去入学，所以推定往三味书屋去在上一年里，是比较可以相信的。

三　遇见“闰土”

上文说到了光绪癸巳年，这一年很重要，因为在鲁迅的生活中是一个重大关键，我也已是满八岁多了，知道的事情也比较多些了。所记述的因此也可以确实些。在这一年里应该记的是鲁迅初次认识了“闰土”。他姓章，本名运水，因为八字上五行缺水，所以小名叫作“阿水”，书名加上一个“运”字，大概是取“运气”的意思，绍兴俗语闰运同音，所以小说上改写作“闰”，水也换作五行中的“土”了。运水的父亲名章福庆，一向在家中帮忙工作，他的本行是竹匠，家在杜浦村，那里是海边，一片都是沙地，种些瓜豆棉花之类，农忙时在乡间种地，家里遇过年或必要时他来做帮工。那年曾祖母去世，在新年办丧事，适值轮到祭祀“当年”，更是忙乱。周家共分三大房，又各分为三小房，底下又分为三支，祖先祭祀置有祭田，各房轮流承办，小祭祀每九年轮到一回，大祭祀便要二十七年了。那一年轮到的不记得是哪一个祭祀，总之新年十八天要悬挂祖像，摆列祭器，让本家的人前来瞻拜。这回办理丧事，中堂恰被占用了，只好变通一下，借用了本家的在大门西边的大书房来挂像，因为那些祭器如古铜大“五事”——香炉烛台和两个花瓶共五件，称为五事，——和装果品和年糕粽子的锡盘，都相当值钱，容易被白日撞门贼所偷走，须要有人看守才行，这个工作便托章福庆把他的儿子运水叫来，交付给他。鲁迅的家当然是旧式封建家庭，但旧习惯上不知怎的对于使用的工人称呼上相当客气。章福庆因为福字犯讳，简略为章庆，伯宜公直呼他阿庆，祖母和母亲则叫老庆，小孩们统统称他庆叔，对于别家的用人也是一样，因为我还记得有过一个老工人，我们称为王富叔的。运水来了，大家不客气的都叫他阿水，因为他年纪小，他大概比鲁迅大两三岁，可能有十五六岁吧。鲁迅叫他阿水，他叫鲁迅“大阿官”，这两人当时就成了好朋友。那时鲁迅已在三味书屋上学，当然有了好些同窗朋友，但是不论是士人或商家出身，他们都是城里人，彼此只有泛泛的交情罢了。运水来自乡下海边，有他独特的新奇的环境，素朴的性格，鲁迅初次遇到，给与了他很深的印象，后来在文章上时常说到，正是很当然的了。鲁迅往安桥头外婆家去的时候，可能去过镇塘殿吃茶，到楝树下看三眼闸，或者也看过八月十八的大潮，但是海边“沙地”上的伟大的平常的景色却没有机会看到过，这只有在运水的话里才能听见一部分。张飞鸟与蓝背在空中飞，岸上有“鬼见怕”和“观音掌”等珍奇的贝壳，地上有铁叉也戳不着的猹——或是獾猪，这些与前后所见的《尔雅图》和《山海经图》岂不是也很有一种连系么。到了庚子新年，已在七年之后，运水来拜岁留住，鲁迅还同他上“大街”去玩了两天，留在我的旧日记上，可见到那时候还是同朋友似的相处的了。

四 祖父的故事

那年还有一件事，对于鲁迅有很大的影响的，便是家中出了变故，使得小孩们不得不暂时往外婆家去避难。在要说这事件之先，我们须得先来一讲介孚公的事情。

介孚公谱名致福，后来改名福清，在同治辛未（一八七一）年是他三十七岁的时候，中了会试第一百九十九名进士，殿试三甲钦点翰林院庶吉士，在馆学习三年，至甲戌（一八七四）年散馆，奉旨以知县用，分发四川，选得荣昌县，因亲老告近，改选江西金溪县。介孚公的脾气生来不大好，喜欢骂人，什么人都看不起，我听他晚年怒骂，自呆皇帝（清光绪帝）昏太后（西太后）起，直骂到子侄辈。在他壮年时代大概也是如此，而且翰林外放知县，俗称“老虎班”，最是吃硬，不但立即补缺，而且官场上也相当有面子。有这两种原因，他不但很是风厉，而且也有点任意了，碰巧那上司江西巡抚又偏偏不是科甲出身，更为他所蔑视，终于顶起牛来。但官职太小究竟抵敌不过，结果被巡抚奏参，奉旨革职改教，即是革掉了知县，改充教官，那时府学县学的教授训导，仿佛是中学校的教员。他心里不服，凭了他的科甲出身，入京考取了内阁中书，一直做了十多年的京官，得不到什么升迁。曾祖母戴老太太去世了，介孚公乃告假回家来。那时电报已通，由天津乘轮船，可以直达上海，所以在“五七”以前他同了潘姨太太和儿子伯升回到了家里。他这半年在家里发脾气，闹得鸡犬不宁，这倒还在其次，到了秋天他出外去，却闯下了滔天大祸，虽是出于意外，可是也与他的脾气有关的。

那年正值浙江举行乡试，正副主考都已发表，已经出京前来，正主考殷如璋可能是同年吧，同介孚公是相识的。亲友中有人出主意，招集几个有钱的秀才，凑成一万两银子，写了钱庄的期票，请介孚公去送给主考，买通关节，取中举人，对于经手人当然另有酬报。介孚公便到苏州等候主考到来，见过一面，随即差遣“跟班”将信送去。那时恰巧副主考正在正主考船上谈天，主考知趣得信不立即拆看，那跟班乃是乡下人，等得急了，便在外边叫喊，说银信为什么不给回条。这事情便戳穿了，交给苏州府去查办，知府王仁堪想要含胡了事，说犯人素有神经病，照例可以免罪。可是介孚公本人却不答应，公堂上振振有词，说他并不是神经病，历陈某科某人，都通关节中了举人，这并不算什么事，他不过是照样的来一下罢了。

事情弄得不可开交，只好依法办理，由浙江省主办，呈报刑部，请旨处分。这所谓科场案在清朝是非常严重的，往往交通关节的人都处了死刑，有时杀戮几十人之多。清朝末叶这种情形略有改变，官场多取敷衍政策，不愿深求，因此介孚公一案也得比较从轻，定为“斩监候”的罪名，一直押在杭州府狱内，前后经过了八个年头，到辛丑（一九〇一）年由刑部尚书薛允升上奏，依照庚子年乱中出狱的犯人，事定后前来投案，悉予免罪的例，也把他放免了。

五　避难

祖父介孚公的事我们轻描淡写的几句话说过去

了，可是它给与家庭的灾祸实在不小，介孚公一人虽然幸得保全，家却也是破了。因为这是一个“钦案”，哄动了一时，衙门方面的骚扰由于知县俞凤冈的持重，不算利害，但是人情势利，亲戚本家的嘴脸都显现出来了。大人们怕小孩子在这纷乱的环境不合适，乃打发往外婆家去避难，这本来是在安桥头村，外公晴轩公中举人后移住皇甫庄，租住范氏房屋，这时便往皇甫庄去了。鲁迅被寄在大舅父怡堂处，我在小舅父寄湘那边，因为年纪尚小，便交给一个老女仆照料同睡，大家叫她作唐港妈妈，大概是她的乡村名字。大舅父处有表兄姊各一人，小舅父处只表姊妹四人，不能作伴，所以每天差不多都在大舅父的后楼上玩耍。我因为年纪不够，不曾感觉着什么，鲁迅则不免很受到些激刺，据他后来说，曾在那里被人称作“讨饭”，即是说乞丐。但是他没有说明，大家也不曾追问这件不愉快的事情，查明这说话的究竟是谁。这个激刺的影响很不轻，后来又加上本家的轻蔑与欺侮，造成他的反抗的感情，与日后离家出外求学的事情也是很有关连的。

不过在大舅父那里过的几个月的光阴，也不全是不愉快或是空虚无用的。他在那里固然初次感到人情的冷酷，对于少年心灵是一个重大的打击，但是在文化修养上并不是没有好处，因为这也正在那时候他才与祖国的伟大文化遗产的一大部分——板画和小说，真正发生了接触。明显的表现便是影写《荡寇志》的全部绣像。

鲁迅在家里的时候，当然也见过些绣像的书。阿长给他买的木版《山海经》，虽然年代不详，大概要算是最早了吧。那是小本木刻，因为一页一图，所以也还清楚，那些古怪的图像，形如布袋的“帝江”，没有脑袋而以乳为目，以脐为口的“形天”，这比龙头人身马蹄的“强良”还要新奇，引起儿童多少奔放丰富的想像来呀。伯宜公旧有的两本《尔雅音图》，是广百宋斋的石印小本，一页里有四个图，原版本有一尺来大，所以不成问题，缩小后便不很清楚了。此外还存有四本“百美新咏”，全是差不多一样的女人，看了觉得单调。很特别是一部弹词《白蛇传》，上边也有绣像，不过没有多少张，因为出场的脚色本来不多。弹词那时没有读，但白蛇的故事是人人知道的，大家都同情“白娘娘”，看不起许仙，而尤其讨厌法海。《白蛇传》的绣像看去所以无甚兴趣，只是一股怨恨的感情聚集在法海身上，看到他的图像便用指甲掐他的眼睛，结果这一页的一部分就特别破烂了。归根结蒂的说来，绣像书虽是有过几册，可是没有什么值得爱玩的。大舅父那里的这部《荡寇志》因为是道光年代的木刻原版，书本较大，画像比较生动，像赞也用篆隶真草各体分书，显得相当精工。鲁迅小时候也随意自画人物，在院子里矮墙上画有尖嘴鸡爪的雷公，荆川纸小册子上也画过“射死八斤”的漫画，这时却真正感到了绘画的兴味，开始来细心影写这些绣像。恰巧邻近杂货店里有一种竹纸可以买到，俗名“明公（蜈蚣）纸”，每张一文制钱，现在想起来，大概是毛边纸的一种，一大张六开吧。鲁迅买了这明公纸来，一张张的描写，像赞的字也都照样写下来，除了一些楷书的曾由表兄延孙帮写过几张，此外全数是由他一个人包办的。这个模写本不记得花了多少时光，总数约有一百页吧，一天画一页恐怕是不大够的。我们可以说，鲁迅在皇甫庄的这个时期，他的精神都用在这件工作上，后来订成一册，带回家去，一二年后因为有同学见了喜欢，鲁迅便出让给他了。延孙那里又有一部石印的《毛诗品物图考》，小本两册，原书系日本冈元凤所作，引用《诗经》里的句子，将草木虫鱼分别的绘图列说，中国同时有徐鼎的《品物图说》，却不及这书的画得精美。这也给了鲁迅一个刺激，引起买书的兴趣来。现在这种石印本是买不到了，但日本天明甲辰（一七八四）的原印本却还可以看到。

六　买新书

鲁迅在皇甫庄大概住了有五六个月吧，到了年底因了典屋满期或是什么别的关系，外婆家非得搬家不可了。两家舅父决定分住两地，大舅父搬到小皋埠，小舅父回到安桥头老家去，外祖母则每年轮番的到他们家里去同住。因为小舅父家都是女孩，有点不大方便，所以鲁迅和我都一并同了大舅父搬去了。小皋埠那里的房东似是胡秦两姓，秦家的主人秦少渔是大舅父前妻的兄弟，是诗人兼画家的秦树铦的儿子，也能画梅花，只是吃了鸦片，不务生计，从世俗的眼光看来乃是败落子弟，但是很有风趣，和鲁迅很说得来，因为小名“友”便叫他做“友舅舅”，时常找他去谈天。他性喜看小说，凡是那时所有的说部书，他几乎全备，虽然大抵是铅石印，不曾见过什么木刻大本。鲁迅到了小皋埠之后，不再作影写绣像这种工作了，他除了找友舅舅闲谈之外，便是借小说来看。我因为年纪还小，不够参加谈天，识字不多，也不能看书，所以详细情形都说不上来了。总之他在那里读了许多小说，这于增加知识之外，也打下了后日讲《中国小说史》的基础，那是无可疑的吧。

不知道是什么时候，大抵是在春天上坟时节吧，大人们看得没有什么风波了，便叫小孩们回到家里去。在皇甫庄和小皋埠所受的影响立即向着两方面发展，一是开始买新书，二是继续影写图画。

鲁迅回家后所买第一部新书，大概是也应当是那两册石印的《毛诗品物图考》。明白记得那书价是银洋两角，因为买的不是一次，掉换也有好几次。不知为什么那么的看重此书，买来后必要仔细检查，如果发见哪里有什么墨污，或是哪一页订得歪斜了，便要立即赶去掉换。有时候在没有查出缺点之前，变动了一点，有如改换封面之类，那就不能退换了，只得折价卖给某一同学，再贴了钱去另买新书。因为去的回数多了，对于书坊伙计那么丁宁妥贴的用破毛边纸包书的手法也看熟了，便学得了他们的方法，以后在包书和订书的技术方面都有一点特长，为一般读书人所不及。后来所买的同类书籍中记得有《百将图》，只可惜与《百美新咏》同样的显得单调，《二十四孝图》则因为向来讨厌它，没有收集，直到后来要研究它，这才买到了什么《百孝图》等。上边忘记说，家里原有藏书中间有一部任渭长画的《於越先贤像传》和《剑侠传图》，在小时候也觉得它画得别致，很是爱好。这之后转入各种石印画谱，但是这里要说的先是一册木刻的，名叫《海仙画谱》，又称《十八描法》，著者姓小田，乃是日本人，所以这书是日本刻印的。内容只是十八图，用了各种衣褶的描法如柳叶描枣核描等，画出状如罗汉的若干模型来。当时为什么要买这册画谱，这理由完全记不得了，但是记得这一件附带的事情，便是此书的价钱是一百五十文，由我们两人和小兄弟松寿各出五十文钱，算作三人合买的。在那时节拿出两角钱去买过《名物图考》，为什么这一百五十文要三个人来合出呢？大概是由于小兄弟动议，愿意加入合作的吧。可是后来不知是因为书没有意思，还是不能随意取阅的缘故呢，他感觉不满意，去对父亲“告诉”了。伯宜公躺在小榻上正抽鸦片烟，便叫拿书来看，鲁迅当初颇有点儿惶恐，因为以前买书都是瞒着大人们的。伯宜公对于小孩却是很有理解，他拿去翻阅了一遍，并不说什么话，仍旧还了我们了。鲁迅刚读过《诗经》，《小雅·巷伯》一篇大概给他很深的印象，因此他有一个时候便给小兄弟起了一个绰号，便是“谗人”。但是小兄弟既然还未读书，也不明白它的意义，不久也就忘了。那本画谱鲁迅主张单给了小兄弟，合股的一百文算是扔掉了，另外去买了一本来收着，同一《海仙画谱》所以有两本的原因就是为此。

关于这小兄弟还有一件事，可写在这里。鲁迅在一九〇二年写有一篇小文，题曰《风筝》，后来收在《野草》里边。他说自己嫌恶放风筝，看见他的小兄弟在糊蝴蝶风筝，便发了怒，将风筝的翅骨折断，风轮踏扁了。事隔多年之后，心里老觉得抱歉似的，心想对他说明，可是后来谈及的时候，小兄弟却是什么也不记得了。这所说的小兄弟也正是松寿，不过《野草》里所说的是“诗与真实”和合在一起，糊风筝是真实，折断风筝翅骨等乃是诗的成分了。松寿小时候爱放风筝，也善于自糊风筝，但那是戊戌（一八九八）以后的事，鲁迅于那年春天往南京，已经不在家里了。而且鲁迅对于兄弟与游戏，都是很有理解，没有那种发怒的事，文章上只是想像的假设，是表现一种意思的方便而已。松寿生于光绪戊子（一八八八），在己亥庚子那时候刚是十二三岁。

七　影写画谱

我们把新书与画谱分开了来说 ，其实这两者还只是一件事。新书里也包含着画谱，有些新印本买得到的，就买了来收藏，有些旧本找不到，便只好借了来看，光看看觉得不够，结果动手来影画下来。买到的画谱，据我所记得的，有《芥子园画传》四集，

《天下名山图咏》《古今名人画谱》《海上名人画稿》《点石斋丛画》《诗画舫》《晚笑堂画传》木版本尚有流传，所以也买到原本，别的都是石印新书了。有几种旧的买不到，从别人处借了来看，觉得可喜，则用荆川纸蒙在书上，把它影写下来。这回所写的比以前《荡寇志》要进一步，不是小说的绣像，而是纯粹的绘画了。这里边最记得清楚的是马镜江的两卷《诗中画》，他描写诗词中的景物，是山水画而带点小人物，描起来要难得多了。但是鲁迅却耐心的全部写完，照样订成两册，那时看过的印象觉得与原本所差无几，只是墨描与印刷的不同罢了。第二种书，这不是说次序，只是就记忆来说，乃是王冶梅的一册画谱。王冶梅所画的有梅花石头等好些种，这一册是写意人物，画得很有点别致。这里又分上下二部，上部题名《三十六赏心乐事》，图样至今还觉得很熟悉，只是列举不出了，记得有一幅画堂上一人督率小童在开酒坛，柴门外站着两个客人，题曰“开瓮忽逢陶谢”，又一幅题曰“好鸟枝头自赏”。在多少年之后我见到一部日本刻本，这《赏心乐事》尚有续与三续，鲁迅所写的大概是初版本，所以只有三十六事，作为上卷，都是直幅，下卷则是横幅，性质很杂，没有什么系统。所画都是人物，而简略得很，可以说是一种漫画，上卷则无讽刺意味，下卷中有一幅画作乞丐手牵一狗，狗口衔一瓢向人乞钱，题词首一句云“丐亦世之达人乎”，惜下文都忘记了。第三种所画又是很有点特殊的，这既非绣像，也不是什么面谱，乃是一卷王磐的《野菜谱》，原来附刻在徐光启的《农政全书》的末尾的。《野菜谱》原是讲“荒政”的书，即是说遇到荒年，食粮不够，有些野菜可以采取充饥，这一类书刻本难得见，只有《野菜谱》因为附刻关系，所以流传较广。这书还有一样特色，它的品种虽是收得比较少些，但是编得很有意思，在每一幅植物图上都题有一首赞，似歌似谣，虽或有点牵强，大都能自圆其说，鲁迅影写这一卷书，我想喜欢这题词大概是一部分原因，不过原本并非借自他人，乃是家中所有，皮纸大本，是《农政全书》的末一册，全书没有了，只剩此一册残本，存在大书橱的乱书堆中。依理来说，自家的书可以不必再抄了，但是鲁迅却也影写了一遍，这是什么缘故呢？据我的推测，这未必有什么大的理由，实在只是对于《野菜谱》特别的喜欢，所以要描写出来，比附载在书末的更便于赏玩罢了。

鲁迅小时候喜爱绘画，这与后来的艺术活动很有关系的，但是他的兴趣并不限于图画，又扩充到文字上边去，因此我们又要说一说他买书的事了。这回他所要买的不再是小孩们看了玩的图册，而是现今所称祖国文学遗产的一部分了。上文我们说到合买《海仙画谱》，大概是甲午（一八九四）年的事情，那末这里所说自然在其后，当是甲午乙未这两年了。小说一类在小皋埠“友舅舅”那里看了不少，此时并不热心追求，所注意的却是别一部类，这比起小说来虽然也算是“正经”书，但是在一心搞“举业”——即是应科举用的八股文的人看来，乃是所谓“杂学”，如《儒林外史》里的高翰林所说，是顶要不得的东西。但是在鲁迅方面来说，却是大有益处，因为这造成他后来整理文化遗产的基础与辑录《会稽郡故书杂集》《古小说钩沉》，写《中国小说史略》等，都是有关系的。他的买书时期大约可以分作两段，这两年是第一段，正是父亲生病的时期，第二段则是父亲死后，伯宜公没于丙申（一八九六）年九月，所以计算起来该是丙申丁酉的两年，到了戊戌三月鲁迅便已往南京去了。

不记得是什么时候，总之是父亲病中这一段里吧，鲁迅从本家那里，可能是叔祖玉田，也可能是玉田的儿子伯执，借来了一部书，发生了很大的影响。这是一部木版小本的《唐代丛书》，在丛书中是最不可靠的一种，据后来鲁迅给人的书简中说：“所收的东西大半是乱改和删节的，拿来玩玩固无不可，如信以为真，则上当不浅也。”但引据固然不能凭信，在当时借看实在原是“拿来玩玩”的意思，所以无甚妨碍。倒是引起读书的兴味来，这一个用处还是一样的。那里边所收的书，看过大抵忘了，但是有一两种特别感觉兴趣，就不免想要抄它下来，正与影写画谱是同一用意。我那时年幼没有什么知识，只抄了一卷侯宁极的《药谱》，都是药的别名，原见于陶穀的《清异录》中。鲁迅则选抄了陆羽的《茶经》，计有三卷，又陆龟蒙的《五木经》和《耒耜经》各一篇，这便大有意义，也就是后来大抄《说郛》的原因了。

八　三味书屋

鲁迅往三味书屋念书，在癸巳（一八九四）年间已跟寿镜吾先生受业，我去是在次年甲午的中间了吧，镜吾先生因学生多了，把我分给他的次子洙邻先生去教，所以我所知道的三味书屋，乃是甲午以后的情形。寿宅与鲁迅故家在一条街上，不过鲁迅的家在西头，称为东昌坊口，寿宅是在东边，那里乃是覆盆桥了。周氏祖居也在覆盆桥，与寿宅隔河南北相对，通称老台门周宅，西头东昌坊口的一家是后来分耜出的，所以称为新台门。从新台门到寿宅，这其间大概不到十家门面，走起来只要几分钟工夫，寿宅门坐南朝北，走过一条石桥便是大门，不过那时正屋典给了人家，是从偏东的旁门出入的。进了黑油的竹门是一排房屋，迤南三间小花厅，便是三味书屋，原是西向，但是西边正屋的墙很高，“天井”又不大，所以并不记得西晒炎热。三味书屋的南墙上有一个圆洞门，里边一间有小匾题什么小憩四字，是洙邻先生的教读处，镜吾先生则在外间的花厅里。正中墙上挂着“三味书屋”的匾额，据洙邻先生后来告诉我说，这本来是三馀书屋四字，镜吾先生的父亲把它改了的，原来典故忘了，只知道是将经史子比食物，经是米谷，史是菜蔬，子是点心。匾下面画桌上挂着一幅画，是树底下站着一只大梅花鹿，这画前面是先生的宝座，是很朴素的八仙桌和高背的椅子。学生的书桌分列在四面，这里向西开窗，窗下都是大学生，离窗远的便要算较差了。洙邻先生说，鲁迅初去时桌子排在南边靠墙，因为有圆洞门的关系，三副桌椅依次排列下来，便接近往后园去的小门了。后园里有一株腊梅花，大概还有桂花等别的花木吧，也是毛厕所在地，爱玩的学生往往推托小便，在那里闲耍，累得先生大声叫唤，“人到哪里去了？”这才陆续走回来。靠近园门的人可以随便溜出去玩，本来是很方便的，鲁迅却不愿意，推说有风，请求掉换坐位，先生乃把他移到北边的墙下，我入学时看见他的坐位便是那个。

三味书屋是绍兴东城有名的一个书房，先生品行方正，教读认真，“束脩”因此也比较的贵，定为一律每节银洋二元，计分清明端午中秋年节四节，预先缴纳。先生专教经书，不收蒙学，因此学生起码须得读《大学》《中庸》，可是商家子弟有愿读《幼学琼林》的也可以答应，这事情我没有什么记忆，但是鲁迅在《朝花夕拾》中有得说及，所云“嘲人齿缺，曰狗窦大开”，即是。先生的教法是，早上学生先背诵昨日所读的书和“带书”，先生乃给上新书，用白话先讲一遍，朗读示范，随叫学生自己去读，中午写字一大张，放午学。下午仍旧让学生自读至能背诵，傍晚对课，这一天功课就算完了。鲁迅在家已经读到《孟子》，以后当然继续着读《易经》《诗经》——上文说到合买《海仙画谱》，便在这时节了，——《书经》《礼记》以及《左传》。这样，所谓五经就已经完了，加上四书去，世俗即称为九经。在有志应考的人，九经当然应当读完，不过在事实上也不十分多，鲁迅那时却不自满足，难得在“寿家”读书，有博学的先生指教，便决心多读几部“经书”。我明了的记得的有一部《尔雅》，这是中国最古的文字训诂书，经过清朝学者们研究，至今还不容易读，此外似有

《周礼》《仪礼》，因为说丧礼一部分免读，所以仿佛还有点记忆。不过《尔雅》既然是部字书，讲也实在无从讲起，所以先生不加讲解，只教依本文念去，读本记得叫作《尔雅直音》，是在本文大字右旁注上读音，没有小注的。书房上新书，照例用“行”计算，拙笨的人一天读三四行，还不能上口，聪明的量力增加，自几十行以至百行，只要读得过来，别无限制。因此鲁迅在三味书屋这几年里，于九经之外至少是多读了三部经书，——《公羊》读了没有，我不能确说。经书早已读了，应当“开笔”学八股文，准备去应考了，这也由先生担任，却不要增加学费，因为“寿家”规矩是束脩两元包教一切的。先生自己常在高吟律赋，并不哼八股，可是做是能做的，用的教本却也有点特别，乃是当时新刊行的《曲园课孙草》，系俞曲园做给他的孙子俞陛云去看的，浅显清新，比较的没有滥调恶套。“对课”本来是做试帖诗的准备工作，鲁迅早已对到了五字课，即是试帖的一整句了，改过来作五言六韵，不是什么难事了。

上边所说都是关于鲁迅在书房里的情形和他的功课，未免有点沉闷，现在再来讲一点他在书房外的活动吧。三味书屋的学生本来也是比较守规矩，至多也只是骑人家养了避火灾的山羊，和主人家斗口而已，鲁迅尤其是有严格的家教，因为伯宜公最不喜欢小孩在外边打了架，回家来告诉受了谁的欺侮，他那时一定这么的说：谁为什么不来欺侮我的呢？小孩们虽觉得他的话不尽合理，但也受了教训，以后不敢再来了。话虽如此，淘气吵架这也不能尽免，不过说也奇怪，我记得的两次都不是为的私事，却是路见不平，拔刀相助，所以闹了起来的。这第一次是大家袭击“王广思的矮癞胡”。在新台门与老台门之间有一个旧家王姓，称“广思堂”，一般称它作“王广思”，那里有一个塾师开馆教书，因为形体特殊，诨名叫作矮癞胡，即是说身矮头秃有须罢了。一般私塾都相当腐败，这一个也是难免，痛打长跪极是寻常，又设有一种制度，出去小便，要向先生领取“撒尿签”，否则要受罚，这在整饬而自由的三味书屋的学生听了，自然觉得可笑可气。后来又听哪一个同学说，家里有小孩在那里上学，拿了什么点心、“糕干”或烧饼去，被查出了，算是犯了规，学生受责骂，点心则没收，自然是先生吃了吧？大家听了这报告，不禁动了公愤，由鲁迅同了几个肯管闲事的商家子弟，乘放午学的时候，前去问罪，恰好那边也正放学，师生全不在馆，只把笔筒里的好些“撒尿签”全都撅折了，拿朱墨砚台翻过来放在地上，表示有人来袭击过了。这第一阵比较的平稳过去，第二次更多有一点危险性，却也幸得无事。大约也在同一年里，大家又决议行动，去打贺家的武秀才。这贺家住在附近的绸缎弄里，也不知道他是什么名字，只听说是“武秀才”，这便引起大家的恶感，后来又听说恐吓通行的小学生，也不知是假是真，就决定要去惩罚他一下。在一天傍晚放学之后，章翔耀、胡昌薰、莫守先等人都准备好了棍棒，鲁迅则将介孚公在江西做知县时，给“民壮”（卫队）挂过的腰刀藏在大褂底下带了去。大家像《水浒》里的好汉似的，分批走到贺家门口等着，不知怎的那天武秀才不曾出来，结果打架没有打得成。是偶然还是故意不出来的呢，终于未能清楚，但在两方面总都是很有好处的。

九　药店与当铺

鲁迅在三味书屋的事情，我所知道的是甲午至丙申（一八九四至一八九六）年这一段落，这里所说差不多也是同一时期，不过环境不同而已。前者是在书房里，后者则是伯宜公病中，鲁迅奔走于当铺和药店之间，所以定了这样一个题目。伯宜公生病前后经过三个年头，于丙申年九月初六日去世。他从什么时候病起，很难一句话断定，但略有年月事实可以稽考，因为甲午中国在朝鲜战败，伯宜公在大厅前同人谈论，表示忧虑，我记得很明白，可见那时还未卧病。其次是嫁在东关金家的小姑母于是年十月去世，伯宜公还去吊丧，而且亲自为穿着殓衣，更可知是健康的了。推测起来发病的时候当在冬季，他突然吐血，一般说是肺痈，即是现今所谓肺结核，后来双脚发肿，逐渐胀至肚腹，医生又认为臌胀，在肺痈与臌胀两样治疗之下拖了两年，终于不治。这中间也可以分出个段落来，大抵病初发时一时紧张，后来慢慢安定下来，虽然病势实是有进无退，总还暂时保持一个小康，到了进入丙申末一年，则是情势日益紧迫了。根据这个看法，可以对于三味书屋一节略作补充说明，即是那里所说多是甲午乙未的事，而这里则是以丙申为主，所以两者时期虽有重复，但这样看去又是显有区分了。

在伯宜公生病这个期间，鲁迅的生活是很忙的，一面要上书房，一面要帮家务，看病虽然用不着他，主要是去跑街，随时要离开书房，走六七里路上大街去。家中那时因为章庆在农忙时不能来，另外长期雇用了一个工人，也是章庆介绍来的，名叫潘阿和，有六十岁了吧。这是一个很老实的老百姓，但因为买东西有些不大“在行”，价贵还不打紧，重要的是货色差。因此只好由鲁迅自己出马，买得到好货色了，价格自然不会便宜，因为那时商人欺侮乡下人赚钱，同时恭维少爷老爷，也仍在赚钱，不过手段不同一点罢了。鲁迅上街最轻松的差使是给伯宜公去买水果，大抵是鸭儿梨和苹果，也有“花红”，水果店主日久面熟，便尊称他“小冷市”，这句市语不明白，问伯宜公才知道即是说“少掌柜”。不过差使不能老是那么好，自然也有些不愉快的，上当铺就是其一了。

现在的青年诸君中间，大概已经有许多人不知道这当铺是什么东西的吧，至于曾经进去过的自然更是没有了。据说宋朝以来，寺院里设有“长生质库”，算是惠民的设备之一，平民临时需用钱的，可以拿衣物去当抵押品，借出钱来，偿还时加上利息，过期不还自然就“当没”了，由质库变卖归本。后来这项买卖从和尚转到了资本家的手里，表面上仍说是“惠民”，实际是高利贷的一种了。这且不在话下，单只就它设备来说，也就够吓人了。它虽然也是一种行业，但店面便很特别，照例是一个坚固的墙门，再走过小门，一排高柜台，异乎寻常的高，大抵普通身材的大人站上去，他的眼睛才够得着看见柜台面吧，矮一点的便什么都看不见，只得仰着头把东西往上送去。当铺的伙计当初因为徽州人居多的缘故吧，一律称为朝奉，又是自高自大，依恃主人是地主土豪，来当的又都是穷人，所以显出一副傲慢的神气。用的“当票”也很特殊，票面原印有简单规则，大抵年久磨灭得几乎看不出了，只有店铺字号还可辨别，空白处写所当物品和钱数，又特别使用一种所谓当票字，极不易懂，比平常草书还要难，措词更怪，例如一件羊皮女袄，票上奇字解读出来乃是“羊皮烂光板女袄”，银饰则云低银，却记不起原来文句了。为什么这样说的呢？说它有意偷换，那倒也未必，实在因为怕负责任，说不定在保管时期皮袄霉脱，须要赔偿，预先说是烂光板，这就可以不怕了。只此一节也就可以想见当铺的不正行为，至于利息似是长年百分之十二，期限十八个月，到期付利息，可以改票展期。这在高利贷中间还不算很凶的一种，但那样欺人的气势就已叫人够难受的了。鲁迅家中虽已破落，那时也还有水田二十多亩，不过租谷仅够一年吃食费用，于今加上医疗之费无法筹措，结果自然只好去请教当铺，而这差使恰是落在鲁迅的头上，站在那高柜台下面是什么情形，那是可以想像得来的了。

鲁迅的别一种差使是跑药店。伯宜公的病请过好些“名医”诊治，终于诊断不出是什么病症，但总之是极严重的。家里知道这一点，因此不敢怠慢，找了绍兴城内顶有名的医生来看，经过姚芝仙何廉臣两位大夫精心应付了一年多之后，病人终于死了。我们也不能专怪那医不好病的医生，不过“名医”的应付欺骗的手段总是值得谴责的。鲁迅在《朝华夕拾》第七篇《父亲的病》中间，对于那些主张“医者意也”，说“医生医得病，医不得命”的先生们痛加攻击，很是明白，这里不必再来复述了。那文章里所举出来的珍奇的“药引”，有如“原配蟋蟀一对”啦，“经霜三年的甘蔗”啦，这实在是“卖野人头”，炫奇骗人，一方面也有意为难，叫人家找不到，好像法术书中教人用癞蛤蟆油或啄木鸟舌头，缺了不能灵验，便不是他的责任了。水肿即是臌胀，所以服用“败臌皮丸”，这正是巫师的厌胜的方法，鲁迅拿清末的刚毅用“虎神营”去克制洋鬼子相比，这个譬喻虽是有点捉狭，可是并非不适合的。他在哪一家药店买的“败臌皮丸”，我已经记不清楚了，不过这大概不是常去的顶有名的震元堂，而是医生所特别指定的，与他有什么关系的一家药店吧。

一〇　往南京

伯宜公于丙申（一八九六）年九月去世，鲁迅往南京是在戊戌（一八九八）年闰三月，这中间原是有一年半的光阴，还是住在家里的。但是我于丁酉年初即往杭州，看在狱里的祖父去了，到了鲁迅走后的戊戌年秋天才又回家，所以这一年半的事情我大部分不知道，不能另立一章来细说，只好摘要的来带说一下。

伯宜公没后这几个月里，家里忙于办丧事，鲁迅并没有馀暇去买什么书，但是在第二年中却买了不少重要的，便是说与他后来的工作有关的书籍。单据我所记得的来说，石印《阅微草堂笔记》五种，王韬的《淞隐漫录》，都是继承以前买书的系统来的，新的方向有《板桥全集》等。这些普通的书他送到杭州来给我看过，但是在我回家之后，却又看到别的高级的书，不是一般士人书斋里所有的。就所记得的来说，有木刻本《酉阳杂俎》全集，这书在《唐代丛书》中有节本，大概看了感觉兴趣，所以购求全本的吧。有《古诗源》《古文苑》《六朝文絜》，正谊堂本《周濂溪集》，这算是周家文献的关系，张敦颐的《六朝事迹编类》则是仿宋复刻本，最是特别的则是一部《二酉堂丛书》了。这是武威张澍所刻的辑录的古书，与后来买到的茆泮林的《十种古逸书》同样的给予鲁迅以巨大的影响。鲁迅立意辑录乡土文献，古代史地文字，完全是二酉堂的一派，古小说则可以说是茆氏的支流了。《二酉堂丛书》还有一种特色，这便是它的字体，虽然并不完全依照"说文"来复原，写成楷书的篆字，但也写得很正确，因此有点别扭，例如“武”必定用止戈二字合成，他号“介侯”，第二字也必写作从产从矢。鲁迅刻《会稽郡故书杂集》的时候，多少也用这办法，只可惜印本难得，除图书馆之外无从看得到了。

鲁迅往南京以前的一年间的事情，据他当时的日记里说（这是我看过记得，那日记早已没有了），和本家会议本“台门”的事情，曾经受到长辈的无理的欺压。新台门从老台门分出来，本是智仁两房合作，后来智房派下又分为兴立成三小房，仁房分为礼义信，因此一共住有六房人家。鲁迅系是智兴房，由曾祖父苓年公算起，以介孚公作代表。这次会议有些与智兴房的利益不符合的地方，鲁迅说须要请示祖父，不肯签字，叔祖辈的人便声色俱厉的强迫他，这字当然仍旧不签，但给予鲁迅的影响很是不小，至少不见得比避难时期被说是“讨饭”更是轻微吧。还有一件，见于《朝花夕拾》第八篇《琐记》中，便是有本家的叔祖母一面教唆他可以窃取家中的钱物去花用，一面就散布谣言，说他坏话，这使得他决心离开绍兴，跑到外边去。只是这件事情我不大清楚，所以只能提及一下，无从细叙情由了。

鲁迅于戊戌（一八九八）年闰三月过杭州往南

京。十七日到达，去的目的是进江南水师学堂，四月中考取了试读生，三个月后正式补了三班，据《朝花夕拾》上所说，每月可得津贴银二两，称曰赡银。水师学堂系用英文教授，所以全部正式需要九年，才得毕业，前后分作三段，初步称曰三班，每三年升一级，由二班以至头班。到了头班，便是老学生老资格，架子很大，对于后辈便是螃蟹式的走路，挡住去路，绝不客气了。学生如此封建气，总办和监督自然更甚，鲁迅自己说过，在那里总觉得不大合适，可是无法形容出来，“现在是发见了大致相近的字眼了，乌烟瘴气，庶几乎其可也”。这乌烟瘴气的具体事实，并不单是中元给溺死的两个学生放焰口施食，或是国文出“咬得菜根则百事可做论”之类，还有些无理性的专制压迫。例如我的旧日记里所有的，一云驾驶堂学生陈保康因文中有老师一字，意存讽刺，挂牌革除，又云驾驶堂吴生扣发赡银，并截止其春间所加给银一两，以穿响鞋故，响鞋者上海新出红皮底圆头鞋，行走时吱吱有声，故名。这两件虽然都是方硕辅[①]当总办时的事，距戊戌已有三年，但此种空气大概是一向已有的了。鲁迅离开水师学堂，便入陆师，不过并不

【锺校】

①“辅”原作“铺”。

是正式陆军学生，实在乃是矿路学堂，附设在陆师学堂里边，所以总办也由陆师的来兼任。不知道为什么缘故，陆师学堂的总办与水师学堂的一样的是候补道，却总要强得多。当初陆师总办是钱德培，据说是绍兴“钱店官”出身，却是懂得德文，那时办陆军是用德国式的，请有德国教官，所以他是有用的。后任是俞明震，在候补道中算是新派，与蒯光典并称，鲁迅文中说他坐马车中，手里拿一本《时务报》，所出国文课题自然也是“华盛顿论”而不再是论管仲或汉高祖了。矿路学堂的功课重在开矿，以铁路为辅，虽然画铁轨断面图觉得麻烦，但自然科学一部分初次接触到，实在是非常新鲜的。金石学（矿物学）有江南制造局的《金石识别》可用，地学（地质学）却是用的抄本，大概是《地学浅说》刻本不容易得的缘故吧，鲁迅发挥了他旧日影写画谱的本领，非常精密的照样写了一部，我在学堂时曾翻读一遍，对于外行人也给了不少好处。三年间的关于开矿筑路的讲义，又加上第三年中往句容青龙山煤矿去考察一趟，给予鲁迅的利益实在不小，不过这不是技术上的事情，乃是基本的自然科学知识，外加一点《天演论》，造成他唯物思想的基础。

鲁迅在矿路学堂十足的读了三年书，至辛丑（一九〇一）年末毕业，次年二月同了三个同学往日本留学，想起来该是前四名吧。这三年中我恰巧是在家里，到末一年的八月，才往南京进水师学堂，所以我所亲身闻见的事只是末了的五个月，因此所能清楚叙述的也就不多了。

一一　东京与仙台

鲁迅等人由江南督练公所派往日本留学，原来目的当然是继续学开矿去的吧，可是那时官场办事前后不接头，学生出去之后就全不管了。留学生到了外国，第一要赶学语文，同时还得学习普通科学知识，因为那时还是科举时代，去留学的人们中间尽有些秀才，做得上好的八股文或策论，至于别的“西学”，全未问津，须得从头搞起，像鲁迅他们在学堂里学过几年的人乃是例外，实际上很是吃亏，因为他们不能单独补习外国语，也得跟着上班，听讲已经学过了的功课。鲁迅在日本头两年便是在东京弘文学院里，那是普通科，期限二年，毕业后可以升考各专门学校，或是要进国立大学，还得另入高等学校三年，即是大学预科。但是留学生中极少去求学问的人，目的大抵只在仕进，觉得专门学校前后五年，未免太长了，想要有什么速成的办法，于是市上应了需要就出现了许多速成班，期限一年两年，也有只是六个月的，用翻译上课，来的人很多，这末一来就把留学界搞得稀糟了。一般留学生又觉得五年的期间很短，一会儿就要回去，如果剪了头发，一时不能留得起来，所以仍多留着辫发，只把它盘起来，用制帽盖住。有些特别是速成班的先生们，像道士似的梳上一个髻，从帽顶上突出来，样子很怪，大家给它诨名云“富士山”，而且有的还从帽沿下拖下好些发缕来，更是难看。鲁迅当初也是留发的，但是他把“顶搭”留得很小，不多的辫发盘在帽子里，不露出什么痕迹。及至看见了这些“富士山”的情形，着实生气，这时从庚子以后养成的民族革命思想也结了实，所以他决心剪去了头发，从新照了一张脱帽的照相，寄给我看，查旧日记是癸卯（一九〇三）年二月间的事。

鲁迅在弘文学院的两年，平稳无事的过去了，只有一次闹退学，乃是全体的事情，不久也就解决。鲁迅普通科毕业后，考进了仙台的医学专门学校。他学医的动机在《朝花夕拾》中自己说过，完全是因为父亲病中受了“名医”的欺骗，立志要学好医术，好治病救人。本来在千叶和金泽地方，也都设立有医学专门学校，但是他却特地去挑选了远在日本东北的仙台医专，这也是有理由的。因为他在东京看厌了那些

“富士山”们，不愿意和他们为伍，只有仙台医专因为比千叶金泽路远天冷，还没有留学生入学，这是他看中了那里的唯一理由。他在那里住了两年，刚刚把医学校的前期功课即是基础学问搞完的时候，又呈请退学，回到东京来了。

鲁迅最初在东京的两年，以及在仙台的两年，这四年期间我都在南京，所以他的事情我直接知道的很少，除了他写信告知的那一点，而那些并不都记入日记里，所以所存的也不多了。但是关于在仙台的这一段落，幸而他在《朝花夕拾》里写有一篇《藤野先生》，对于他离开仙台的事情有所说明，我们这里也就以此为依据。鲁迅学医的目的本是为谋国人身体的健康，其往仙台的原因则是讨厌在东京的留学生，可是到了仙台，也仍多有不愉快的事情。虽然教员中间有藤野先生的人，热心照顾，但也引起了同学的妒忌，有检查讲义和写匿名信的事。最重要的是在看日俄战争的影片，有给俄军打听消息的中国人，被日军查获处刑，周围还站着好些中国人在那里呆看。这给予了他一个多么大的刺激！那影片里的人，被杀的和看杀人的有着很健康的身体，可是这有什么用呢？只有一个好身体，如果缺少了什么，还是不行。他想到这里，觉得他以前学医的志愿是错了。应该走什么救国的路才对，那是第二个问题，第一个问题则是学医无用，这样就够使他决定了离开仙台的医校了。

鲁迅从仙台退学，长与医学告辞了，可是对于藤野先生的好意却总是不能忘记，不但在他书房里一直挂着背后题有“惜别”二字的照片，而且还在十多年后写了一篇纪念文章，收在《朝花夕拾》里边。一九三五年日本岩波文库中要出《鲁迅选集》的时候，问他选什么文章好，回答说一切随意，但希望能把《藤野先生》选录进去。据说鲁迅的意思是，希望借此可以打听到藤野先生的一点消息。可是没有能够达到这个希望，直到鲁迅没后，才得知藤野那时还是健在，在他的故乡福井县乡下开着诊疗所，给附近的贫穷老百姓服务。鲁迅的同班生小林茂雄（现在已是医学博士了）写信告诉了他鲁迅的事情，他的回信里有这么一节话：

> 我在少年时代，曾从来到酒井藩校的野坂先生，请教汉文，感觉尊敬中国的圣贤之外，对于那边的人也非看重不可。……不问周君是何等样的人，在那时前后，外国的留学生恰巧只是周君一人。因此给帮忙找公寓，下至说话的规则，也尽微力加以协助，这是事实。忠君孝亲这是本国的特产品也未可知，但是受了邻邦儒教的刺激感化，也似非浅鲜，因此对于道德的先进国表示敬

意，并不是对于周君个别的人特别的加以照顾。

照这信看来，藤野先生乃是古道可风的人，自然决不会泄漏试题，而且在小林博士那里又保留着一九〇五年春季升级考试的分数单，列有鲁迅的各项分数，照录于下：

解剖　　五十九分三

组织[1]　　七十二分七

生理　　六十三分三

伦理　　八十三分

德文　　六十分

物理　　六十分

化学　　六十分

平均为六十五分五，一百四十二人中间列第六十八名。仙台的同学们疑心鲁迅解剖学特别考得好，看到了这分数单，不禁要惭愧了吧。

一二　再是东京

鲁迅从仙台回到东京，在公寓里住了些时候，夏天回家去结了婚。那时适值我也得着了江南督练公所的官费，派往日本留学，所以先回家一走，随即同了

【蒋校】

①“织”原作“识”。

他经上海到东京去。自一九〇六至一九〇九年这四年间，因为我和鲁迅一直在一起，他的事情多少能够知道，不过说起来也实在不多，因为年代隔得久了，是其一，其次是他过的全是潜伏生活，没有什么活动可记；虽然这是在作后年文艺活动的准备，意义也很是重大的。

鲁迅最初志愿学医，治病救人，使国人都具有健全的身体，后来看得光是身体健全没有用，便进一步的想要去医治国人的精神，如果这话说得有点唯心的气味，那末也可以说是指我们现在所说的“思想”吧。这回他的方法是利用文艺，主要是翻译介绍外国的现代作品，来唤醒中国人民，去争取独立与自由。他决定不再正式的进学校了，只是一心学习外国文，有一个时期曾往“独逸语学协会”所设立的德文学校去听讲，可是平常多是自修，搜购德文的新旧书报，在公寓里靠了字典自己阅读。本来在东京也有专卖德文的书店，名叫南江堂，丸善书店里也有德文一部分，不过那些哲学及医学的书专供大学一部分师生之用，德国古典文学又不是他所需要的，所以新书方面现成的买得不多，说也奇怪，他学了德文，却并不买歌德的著作，只有四本海涅的集子。他的德文实在只是“敲门砖”，拿了这个去敲开了求自由的各民族的文学的门，这在五四运动之后称为“弱小民族的文学”，在当时还没有这个名称，内容却是一致的。具体的说来，这是匈牙利，芬兰，波兰，保加利亚，波希米亚（德文也称捷克），塞尔维亚，新希腊，都是在殖民主义下挣扎着的民族，俄国虽是独立强国，因为人民正在力争自由，发动革命，所以成为重点，预备着力介绍。就只可惜材料很是难得，因为这些作品的英译本非常稀少，只有德文还有，在瑞克阑姆小文库中有不少种，可惜东京书店觉得没有销路吧，不把它批发来，鲁迅只好一本本的开了账，托相识的书商向丸善书店定购，等待两三个月之后由欧洲远远的寄来。他又常去看旧书摊，买来德文文学旧杂志，看出版消息，以便从事搜求。有一次在摊上用一角钱买得一册瑞克阑姆文库小本，他非常高兴，像是得着了什么宝贝似的，这乃是匈牙利爱国诗人裴多菲所作唯一的小说《绞吏的绳索》，钉书的铁丝锈烂了，书页已散，他却一直很是宝贵。他又得到日本山田美妙所译的，菲律宾革命家列札尔（后被西班牙军所杀害）的一本小说，原名似是《社会的疮》，也很珍重，想找英译来对照翻译，可是终于未能成功。

鲁迅的文艺运动的计划是在于发刊杂志，这杂志的名称在从中国回东京之前早已定好了，乃是沿用但丁的名作《新生》，上面并写拉丁文的名字。这本是同人杂志，预定写稿的人除我们自己之外，只有许寿裳、袁文薮二人。袁在东京和鲁迅谈得很好，约定自己往英国读书，一到就写文章寄来，鲁迅对他期望最大，可是实际上去后连信札也没有，不必说稿件了。剩下来的只有三个人，固然凑稿也还可以，重要的却是想不出印刷费用来，一般官费留学生只能领到一年四百元的钱，进公立专门的才拿到四百五十元，因此在朋友中间筹款是不可能的事，何况朋友也就只有这三个呢？看来这《新生》的实现是一时无望的了，鲁迅却也并不怎么失望，还是悠然的作他准备的工作，逛书店，收集书报，在公寓里灯下来阅读。鲁迅那时的生活不能说是怎么紧张，他往德文学校去的时候也很少，他的用功的地方是公寓的一间小房里。早上起来得很迟，连普通一合牛乳都不吃，只抽了几枝纸烟，不久就吃公寓的午饭，下午如没有客人来（有些同乡的亡命客，也是每日空闲的），便出外去看书，到了晚上乃是吸烟用功的时间，总要过了半夜才睡。不过在这中间，曾经奋发过两次，虽是时间不长，于他的工作都有很大的帮助。其一是在一九〇七年夏季，同了许寿裳、陶冶公等六个人去从玛利亚孔特（亡命的俄国妇女）学习俄文，可是不到半年就散了，因为每人六元的学费实在有点压手。用过的俄文读本至今保留着，鲁迅的一册放在“故居”，上边有他添注的汉字。其二是在一九〇八年约同几个人，到民报社去听章太炎先生讲文字学，其时章先生给留学生举办“国学讲习会”，借用大成中学的讲堂，开讲《说文》，这回是特别请他在星期日上午单给少数的人另开一班。《说文解字》已经讲完，民报社被封，章先生搬了家，这特别班也就无形解散了，时间大概也只是半年多吧，可是这对于鲁迅却有很大的影响。鲁迅对于国学本来是有根柢的，他爱楚辞和温李的诗，六朝的文，现在加上文字学的知识，从根本上认识了汉文，使他眼界大开，其用处与发见了外国文学相似，至于促进爱重祖国文化的力量，那又是别一种作用了。

在这两年中间无意的又发生了两件事，差不多使得他的《新生》运动变相的得到了实现的机会。一九〇八年春间，许寿裳找了一所房子，预备租住，只是费用太大，非约几个人合租不可，于是来拉鲁迅，结果是五人共住，就称为“伍舍”。官费本来有限，这么一来自然更是拮据了，有一个时候鲁迅甚至给人校对印刷稿，增加一点收入。可巧在这时候有我在南京认识的一个友人，名叫孙竹丹，是做革命运动的，忽然来访问我们，说河南留学生办杂志，缺人写稿，叫我们帮忙，总编辑是刘申叔，也是大家知道的。我们于是都来动手，鲁迅写得最多，除未登完的《裴象飞诗论》外，大抵都已收录在文集《坟》的里边。许寿裳成绩顶差，我记得他只写了一篇，题目似是《兴国精神之史耀》，而且还不曾写完。鲁迅的文章中间顶重要的是那一篇《摩罗诗力说》，这题目用白话来说，便是“恶魔派诗人的精神”，因为恶魔的文字不古，所以换用未经梁武帝改写的“摩罗”。英文原是“撒但派”，乃是英国正宗诗人骂拜伦、雪莱等人的话，这里把它扩大了，主要的目的还是介绍别国的革命文人，凡是反抗权威，争取自由的文学便都包括在“摩罗诗力”的里边了。时间虽是迟了两年，发表的地方虽是不同，实在可以这样的说，鲁迅本来想要在《新生》上说的话，现在都已在《河南》上发表出来了。

第二件事是编印《域外小说集》，这也是特别有意思，因为这两小册子差不多即是《新生》的文艺部分，只是时间迟了，可能选择得比较好些，至少文字的古雅总是比听过文字学以前要更进一步了！虽然这部小说集销路不好，但总之是起了一个头，刊行《新生》的志愿也部分的得以达到了，可以说鲁迅的文艺活动第一段已经完成，以后再经几年潜伏与准备，等候五四以后再开始来作第二段的活动了。正如《河南》上写文章是不意的由于孙竹丹的介绍一样，译印《域外小说集》也是不意的由于一个朋友的帮助。这人叫蒋抑卮，原是秀才，家里开着绸缎庄，又是银行家，可是人很开通，他来东京医病，寄住在我们和许寿裳的寓里，听了鲁迅介绍外国文艺的话，大为赞成，愿意借钱印行。结果是借了他一百五十元，印了初集一千册，二集五百册，但是因为收不回本钱来印第三集，于是只好中止。同时许寿裳回杭州去，在浙江两级师范学堂做教员，不久也介绍鲁迅前去，这大概是一九〇九年秋天的事情吧。

我写这篇文章，唯一的目的是报告事实。如果事实有不符，那就是原则上有错误，根本的失了存在的价值了。只可惜事隔多年，记忆不能很确，而亲友中又已少有能够指出我的遗漏或讹误的人，这是我所有的唯一的悲哀了。

鲁迅的国学与西学

这篇文章的题目本来想叫作“鲁迅的新学与旧学”，因为新旧的意义不明了，所以改称“国学与西学”，虽然似乎庸俗一点，但在鲁迅的青年时期原是通行的，不妨沿用它一下子。

鲁迅的家庭是所谓读书人家，祖父是翰林，做过知县和京官，父亲是个秀才，但是到了父亲的那一代，便已经衰落了。祖父因科场案入狱多年，父亲早殁，祖传三二十亩田地逐渐地都卖掉了。在十八岁的年头上，鲁迅终于觉得不能坐食下去，决意往南京去考当时仅有的两个免费的学堂，毕业之后得到官费留学日本，这样使得他能够在家庭和书房所得来的旧知识之外，再加上了新学问，成为他后来做文艺活动的基础。现在我们便想关于这事，说几句话。

鲁迅的家庭虽系旧家，但藏书却并没有多少，因为读书人本来只是名称，一般士人“读书赶考”，目的只是想博得“功名”，好往上爬，所以读的只是四书五经，预备好做八股而已。鲁迅家里当然还要好些，但是据我的记忆说来，祖传的书有点价值的就只是一部木板《康熙字典》，一部石印《十三经注疏》，《文选评注》和《唐诗叩弹集》，两本石印《尔雅音图》，书房里读的经书都是现买的。鲁迅在书房里读了几年，进步非常迅速，大概在十六岁以前四书五经都已读完，因为那时所从的是一位名师，所以又教他读了《尔雅》《周礼》或者还有《仪礼》，这些都是一般学生所不读，也是来不及读的。但是鲁迅的国学来源并不是在书房里，因为虽然他在九经之外多读了三经，虽然旧式学者们说得经书怎么了不起，究竟这增加不了多少知识，力量远不及别的子史。鲁迅寻求知识，他自己买书借书，差不多专从正宗学者们所排斥为“杂览”的部门下手，方法很特别，功效也是特别的。他不看孔孟而看佛老，可是并不去附和道家者流，而佩服非圣无法的嵇康，也不相信禅宗，却岔开去涉猎《弘明集》，结果觉得有道理的还是范缜的“神灭论”，这从王充脱出，自然也更说得好，差不多在中国“文化遗产”中已经找着了唯物论的祖宗了。他不看正史而看野史，从《谈荟》知道列代武人之吃人肉，从《窃愤录》知道金人之凶暴，从《鸡肋编》

知道往临安行在去的山东义民以人脯为干粮，从《明季稗史汇编》知道张献忠和清兵的残杀，这些材料归结起来是“礼教吃人”，成为《狂人日记》的中心思想。便是人人皆知的“二十四孝”，也给他新的刺激，《朝花夕拾》中的一篇文章便对于曹娥与郭巨的故事提出了纠弹的意见。明朝永乐皇帝朱棣的无道，正史上也不能讳言，但鲁迅更从《皇朝典故》的另本《立斋闲录》中看到别的记录，引起极大的义愤。这都见于他的杂文上面，不必细说了。

鲁迅小时候喜欢画画，在故家前院灰色矮墙上曾画着尖嘴鸡脚的一个雷公，又在小本子上画过漫画“射死八斤”，树下地上仰卧一人，胸前插着一枝箭，这八斤原是比鲁迅年长的一个孩子，是门内邻居李姓寄居的亲戚，因为在小孩中间作威福，所以恨他。鲁迅的画没有发达下去，但在《朝花夕拾》后记里，有他自画的一幅活无常，可以推知他的本领。在别方面他也爱好图画，买了好些木刻石印的画谱，买不到的便借了来，自己动手影画。最早的一本是《荡寇志》的绣像，共有百页左右吧，前图后赞，相当精工，他都影写了下来，那时他正是满十二岁。以后所写的有《诗中画》，那是更进一步了，原本系画古人诗意，是山水画而兼人物，比较复杂得多了。第三种又很特别，乃是王冶梅画谱之一，上卷题曰《三十六赏心乐事》，是一种简笔画，下卷没有总名，都是画幅，有些画得有点滑稽，可是鲁迅似乎也很喜欢，用了贡川纸把它影下来了。所买画谱名目可不必列举，其中比较特别的，有日本画家葛饰北斋的另种画本。北斋是日本报画“浮世绘”大家，浮[①]世绘原本那时很是名贵，就是审美书院复刻的书也都非数十元不可，穷学生购买不起，幸而在嵩山堂有木版新印本，虽然不很清楚，价格不贵，平均半元一册，便买了几册来，但大部的《北斋漫画》因为有十五册一套，就未能买得。日本木刻画本来精工，因为这是画工、刻工和印工三方面合作成功的，北斋又参加了一点西洋画法，所以更是比例匀称，显得有现代的气息。这些修养，与他后来作木刻画运动总也是很有关联的吧。

对于中国旧文艺，鲁迅也自有其特殊的造诣。他在这方面功夫很深，不过有一个特点，便是他决不跟着正宗派去跑，他不佩服唐朝的韩文公（韩愈），尤其是反对宋朝的朱文公（朱熹），这是值得注意的事。诗歌方面他所喜爱的，《楚辞》之外是陶诗，唐朝有李长吉、温飞卿和李义山，李杜元白他也不非薄，只

【蒋校】

①“浮”原作“得”。

是并不是他所尊重的。文章则陶渊明之前有嵇康，有些地志如《洛阳伽蓝记》与《水经注》，文章也写得极好，一般六朝文他也喜欢，这可以一册简要的选本《六朝文絜》作为代表。鲁迅在一个时期很看些佛经，这在了解思想之外，重要还是在看它文章，因为六朝译本的佛经实在即是六朝文，一样值得看。这读佛经的结果，如上文所说，取得了“神灭论”的思想，此外他又捐资翻刻了两卷的《百喻经》，因为这可以算得是六朝人所写的一部小说。末了还有一件要说的，是他的文字学的知识。过去一般中国人“读书”，却多是不识字，虽然汉末许叔重做了《说文解字》十五篇，一直被高搁起来，因为是与“科举”无关，不为人所注意。鲁迅在日本留学的后半期内，章太炎先生刚从上海西牢里释放出来，亡命东京，主编革命宣传机关杂志《民报》，又开办“国学讲习会”，借了大成中学的讲堂，给留学生讲学，正是从《说文》讲起。有朋友来约，拟特别请太炎先生开一班，每星期日上午在《民报》社讲《说文》，我们都参加了，听讲的共有八人。鲁迅借抄听讲者的笔记清本，有一卷至今还存留，可以知道对于他的影响。表面上看得出来的是文章用字的古雅和认真，最明显的表现在《域外小说集》初版的两册上面，翻印本已多改得通俗些了，后来又改用白话，古雅已用不着，但认真还是仍旧，他写稿写信用俗字简字，却决不写别字，以及重复矛盾的字，例如桥樑（梁加木旁犯重）邱陵（清雍正避孔子讳始改丘为邱），又写鳥字也改下边四点为两点，这恐怕到他晚年还是如此吧？在他丰富深厚的国学知识的上头，最后加上这一层去，使他彻底了解整个的文学艺术遗产的伟大，他这二十几年的刻苦的学习可以说是“功不唐捐”了。

关于鲁迅的“西学”一方面，我们可以更简单的来说明一下。这里可分作两个段落，其一是关于一般的科学知识，其二是关于外国的文学知识。这第一段落是鲁迅在南京（一八九八至一九〇一）及在东京前期（一九〇二至一九〇四），大概这五个年头。南京附设在陆师学堂内的矿路学堂本来是以开矿为主，造铁路为辅的，虽然主要功课属于矿路二事，但鲁迅后来既不开矿，也不造路，这些功课都已还了先生之后，他所实在得到的也只是那一点普通科学知识而已。鲁迅在《朝花夕拾》上特别提出地学（地质学）和金石学（矿物学），这些固然最是新鲜，但重要的其实还是一般科学，如数学、代数、几何、物理、化学，都是现代常识的基础，但是平常各个分立，散漫无归宿，鲁迅在这里看到了《天演论》，这正像国学方面的《神灭论》，对于他是有着绝大的影响的。《天演论》原只是赫胥黎的一篇论文，题目是《伦理与进化论》(或者是“进化论与伦理”也未可知)，并不是专谈进化论的，所以说得并不清楚，鲁迅看了赫胥黎的《天演论》，是在南京，但是一直到了东京，学了日本文之后，这才懂得了达尔文的进化论。因为鲁迅看到丘浅治郎的《进化论讲话》，于是明白进化学说到底是怎么一回事。鲁迅在东京进了弘文学院，读了两年书，科学一方面只是重复那已经学过的东西，归根结蒂所学得的实在只是日本语文一项，但是这却引导他到了进化论里去，那末这用处也就不小了。

第二个段落是说鲁迅在仙台医学校的两年（一九〇四至一九〇六)，和仙台退学后住在东京的三年(一九〇六至一九〇九)。在仙台所学的是医学专门学问，后来对于鲁迅有用的只是德文，差不多是他做文艺工作的唯一的工具。退学后住在东京的这几年，表面上差不多全是闲住，正式学校也并不进，只在“独逸语学协会”附设的学校里挂了一个名，高兴的时候去听几回课，平常就只逛旧书店，买德文书来自己阅读，可是这三年里却充分获得了外国文学的知识，作好将来做文艺运动的准备了。他学的外国语是德文，但对于德国文学没有什么兴趣，歌德、席勒等大师的著作他一册都没有，所有的只是海涅的一部小本集子，原因是海涅要争自由，对于权威表示反抗。他利用德文去翻译别国的作品，介绍到中国来，改变国人的思想，走向自由与解放的道路。鲁迅的文学主张是为人生的艺术，虽然这也就是世界文学的趋向，但十九世纪下半欧洲盛行自然主义，过分强调人性，与人民和国家反而脱了节，只有俄国的现实主义的文学里，具有革命与爱国的精神，为鲁迅所最佩服。他便竭力收罗俄国文学的德文译本，又进一步去找别的求自由的国家的作品，如匈牙利，芬兰，波兰，波希米亚（捷克），塞尔维亚与克洛谛亚（南斯拉夫），保加利亚等。这些在那时都是弱小民族，大都还被帝国主义的大国所兼并，他们的著作英文很少翻译，只有德文译本还可得到，这时鲁迅的德文便大有用处了。鲁迅在东京各旧书店尽力寻找这类资料，发见旧德文杂志上说什么译本刊行，便托相识书商向“丸善书店”往欧洲定购。这样他买到了不少译本，一九〇九年印行的两册《域外小说集》里他所译的原本，便都是这样一点一滴的收集来的。他在旧书店上花了十元左右的大价，买到一大本德文《世界文学史》，后来又定购了一部三册的札倍尔著的同名字的书，给予他许多帮助。在许多年后《小说月报》出弱小民族特号的时候，找不到关于斯拉夫的几个民族的资料，有几篇谈保加利亚和芬兰文学的文章，便是鲁迅从这书上抄译下来的。鲁迅在东京的后期只是短短的三年，在终日闲走闲谈中间，实在却做了不少工作，我们如拿去和国学时期相比，真可以说是意外的神速。

鲁迅与中学知识

在鲁迅的青年时代，中国还没有中学校。那时满清政府采用官吏，还是用那科举制度，凭了八股文取士，读书人想求仕进，必须“三考出身”，有钱的人出钱“捐官”，那算是例外。第一步是在书房里念书，先把四书和五经念完，再动手学做八股，名为“开笔”，及至文章“满篇”，可以出去应考，普通大概总要十年工夫，所谓“十载寒窗”的话就是从这里出来的了。经过县府两重考试，再应“院试”，如果八股文做得及格，考中“秀才”，便可去应“乡试”，有中“举人”的希望。举人上京去“会试”，中了便是“进士”，经过“殿试”，考得好的入翰林院，其次也可以当部员，或者外放去做知县。不过这应考要有耐心，因为秀才固然可以每年去考一回看，乡试会试便要隔一二年了，有人“考运”不好，考上多少年，连一个秀才也拿不到手，就须得一年年的等下去。鲁迅应考的准备是早已完成了，因为他读书很快，在四书之外一共还读了八经，文章也早已满篇，可是他不能坐等考试，父亲于光绪丙申（一八九六）年去世，家境穷困，没法坐守下去。改业呢，普通是“学幕”去当师爷，不然是学钱业或当业，即是做钱店或当铺的伙计，这也是他所不愿意的。没有什么别的办法，他便决意去进学堂。那时候还没有中学校，但是类似的教育机关也已有了几处，不过很是特别，名称仍旧是“书院”，有如杭州的求是书院，南京的格致书院，教的是一般自然科学，只可惜学生虽然不要学费，膳杂费还要自备，这在鲁迅也是负担不起的。幸而在这些文书院之外，还有几个武学堂，都是公费供给，而且还有每月津贴的“赡银”。鲁迅那时便走向南京去，进了江南水师学堂。

鲁迅考进水师学堂，是在戊戌（一八九八）年春天，可是因为学校办得“乌烟瘴气”，不久就退了学，到冬天改进了矿路学堂。这虽是一个文学堂，却并不称书院，因为它不是独立的，只附设在江南陆师学堂里面，所以一样的叫作学堂。功课是以开矿为主，造铁路为辅，期限三年毕业，前半期差不多是补习中学功课，算学，代数，几何，三角，物理，化学，应有尽有，鲁迅也照例学过了。这固然是一切学问和知识的基础，于他有一定的好处，但是另外还有一门学问，使他特别得益的，乃是所谓地学。这其实是现今的地质学，因为与矿学有关，所以有这一项功课，用的教科书是英国赖耶尔的《地质学纲要》的一部译本，名为《地学浅说》。原书出版很早，在地质学中已是旧书了，但原是一种名著，说的很得要领，这使他得着些关于古生物学的知识，于帮助他了解进化论很有关系。那时中国也还没有专讲进化论的书，鲁迅只于课外买到一册严复译的《天演论》，才知道有什么“物竞天择”这些道理，与进化论初次发生了接触。不过那《天演论》原本只是赫胥黎的一篇论文，题名《进化与伦理》，后半便大讲其与哲学的关系，不能把进化论说得很清楚，在当时的作用是提出“优胜劣败”的原则来，给予国人以一个警告罢了。

矿路学堂所学的重在技术，一般自然科学是基本，所以要补习一下，够得上中学标准，可是文史一部分便显得缺乏了。学堂里也有“汉文”这一门功课，读的大抵都是《左传》，作文题目也只是“工欲善其事必先利其器论”之类。陆师学堂的总办也照例由候补道兼充，不过还比较开通些，不像水师方面那么的乌烟瘴气，在看书报方面可以更为自由。但是鲁迅在这一方面的知识，在学堂里所得不多，主要还是在家里读书时候立下了基础来的。他读“正经书”——准备考八股出题目用的四书五经读得很快，可是因为有反感，不曾发生什么影响，虽然平心说起来，《诗经》乃是古代歌谣，现在看来有许多是很可喜爱的。他就用馀暇来看别的古书，这在正经用功赶考的人说来是“杂览”，最是妨碍正业，要不得的。鲁迅看了许多正史以外的野史，子部杂家的笔记，不仅使他知识大为扩充，文章更有进益，又给了他两样好处，那是在积极方面了解祖国伟大的文化遗产的价值，消极方面则深切感到封建礼教的毒害，造成他“礼教吃人”的结论，成为后日发为《狂人日记》以后的那些小说的原因。

这里须得来叙述一件事，虽然看似烦琐，其实却是相当重要的。鲁迅对于古来文化有一个特别的看法，凡是“正宗”或“正统”的东西，他都不看重，却是另外去找出有价值的作品来看。他对于唐朝的“韩文公”韩愈和宋朝的“朱文公”朱熹这两个大人物，丝毫不感受影响，虽然没有显明的攻击过，但这总是值得注意的一点。他爱《楚辞》里的屈原诸作，其次是嵇康和陶渊明，六朝人的文章，唐朝传奇文，唐宋八大家不值得一看，“桐城派”更不必提了。他由此引伸又多读佛经，本来并无宗教信仰，只是去当作古书来看，因为中国自后汉起便翻译佛经，到六朝为止译出了不少，所以当作六朝文来读，也是很有兴趣的事情。佛经倒也就是那么一回事，只是作为印度文学的一部分好了，可是在本国“撰述”类中却有一部《弘明集》，是讨论佛教的书，中间有梁朝范缜作的一篇《神灭论》，这给了他很大的益处。中国的唯物思想在古代诸子中间已有萌芽，后汉王充的《论衡》里也有表示，不过未能彻底，到了范缜才毫不客气的提出神灭论来了。大意是说神附于形而存在，形灭则神亦灭，他用刀来作比喻，说刀是形，刀的锐利是神，因刀而有，刀如毁灭则利也自然不存了。当时轰动一世，连信佛的梁武帝也亲自出马，和他辩难，可是终于无法折服他。这便给鲁迅种下了唯物思想的根，后来与科学知识，马列主义相结合，他的思想也就愈益确定了。

矿路学堂因为是用中文教授的，所以功课中独缺外国语这一门。这一个缺陷是他后来在日本，自己来补足的。他当初进了仙台的医学专门学校，那里学的是德文，第二学年末了退学后，他在东京继续自修，后来便用这当唯一的工具，译出了果戈理的《死魂灵》等许多世界名著。日本语他也学得很好，可是他不多利用，所译日本现代作品，只有在《现代日本小说集》中夏目漱石等几个人的小说而已。他也曾学过俄文，一九○六年春夏之交，同了陶望潮许季茀等一共六个人，去找亡命东京的马利亚孔特夫人教读，每人学费六元，在每月收入三十三元的官费留学生未免觉得压手，所以几个月后就停止了。那时所用教本系托教师从海参崴去买来，每册五十戈比，书名可以叫作《看图识字》吧，是很简单的一种本子。事隔五十年，不意至今保存，上有鲁迅亲笔注上的小字，现存放在“故居”，大家还可以看得到。

鲁迅的文学修养

文学修养是句比较旧式的话，它的意思大略近于现代的“文艺学习”，不过更是宽泛一点，也就好讲一点。鲁迅的著作，不论小说或是杂文，总有一种特色，便是思想文章都很深刻犀利。这个特色寻找它的来源，有人说这是由于地方的关系。因为在浙江省中间有一条钱塘江，把它分为东西两部分，这两边的风土民情稍有不同，这个分别也就在学风上表现了出来。大概说来，浙西学派偏于文，浙东则偏于史，就清朝后期来说，袁随园与章实斋，谭复堂与李越缦，都是很好的例子。再推上去，浙东还有毛西河，他几乎专门和“朱子”朱晦庵为难，攻击得绝不客气，章实斋李越缦不肯犯“非圣无法”的嫌疑，比起来还要差一点了。拿鲁迅去和他们相比，的确有过之无不及，可以说是这一派的代表。不过这一种议论，恐怕未免有唯心论的色彩，而且换句话说，无异于说是

“师爷”派，与“正人君子”的代言人陈源的话相近，所以不足为凭，现在可以不谈。但是，说部分影响当然是有的，不但他读过《文史通义》和《越缦堂日记》，就是只听祖父介孚公平日的训话，也是影响不小了。介孚公晚年写有一册《恒训》，鲁迅曾手抄一本，保存至今，其中所说的话什九不足为训，可以不提，但是说话的溪刻，那总是独一的了。

我们客观一点寻找鲁迅思想文章的来源，可以分两方面来说，一是本国的，二是外国的。说到第一点，他读的中国古书很多，要具体的来说不但烦琐，也不容易，我们只好简单的来综结一句，他从那里边获得了两件东西，即是反封建礼教的思想，以及唯物思想的基础。读者们应当记得他在《朝花夕拾》中有一篇《二十四孝》，那是极好的资料，说明他反礼教思想的起源。《二十四孝》据说是“朱子”所编教孝的通俗书，专门发挥“三纲”中的“父为子纲”的精义的。书却编得很坏，许多迂阔迷信，不近人情，倒也罢了，有的简直凶残无道，如“郭巨埋儿”这一节，在鲁迅的文章里遭到无情的打击，这也就显示它给他的刺激是多么的大。历代稍有理性的文人大抵都表示过反对，可是只单独的说一遍，没有什么力量，鲁迅多看野史笔记，找到许多类似的事实，有如六朝末武人朱粲以人为军粮，南宋初山东义民往杭州行在，路上吃人肉于当干粮，一九〇六年徐锡麟暗杀恩铭，被杀后心肝为卫兵所吃，把这些结合起来，得到一句结论曰礼教吃人。这个思想在他胸中存在了多少年，至一九二二年才成熟了，以《狂人日记》的形式出现于《新青年》上，不但是新文学的开始，也是反礼教运动的第一阵。他的唯物思想的根苗并不出于野史笔记，乃是从别个来源获得的。说来也觉得有点奇怪，这来源是佛经一类的书籍。他读古书，消极方面归纳得“礼教吃人”，建立起反封建道德的思想，但积极方面也得到益处，了解祖国伟大的文化遗产。他爱好历代的图画，后来兴起板画运动，辑录史地佚书，唐以前古逸小说，都有很大的成就。词章一方面他排斥历来的“正统派”，重新予以估价，看重魏晋六朝的作品，过于唐宋，更不必说“八大家”和桐城派了。中国佛经有许多种都是唐以前译出的，因此可以算是六朝的作品，他便以这个立场来加以鉴赏。鲁迅从谢无量的兄弟，留学印度的万慧法师那里听到说，唐朝玄奘的译经非常正确，但因为求忠实故，几乎近于直译，文字很不容易懂。反过来说，唐以前即六朝的译经，比较自由，文词流畅华丽，文艺价值更大。鲁迅曾初读佛经，当作六朝文看，并不想去研究它里边的思想，可是不意他所受的影响却正是属于思想的。他看了佛经结果并不相信佛教，但是从本国撰述的部类内《弘明集》中，发见了梁代范缜的《神灭论》，引起他的同感，以后便成了神灭论者了。手边没有《弘明集》，不可能来引用说明，就所记得的说来，大体是说神不能离形而独存，最有名的譬喻是用刀来比方，说形体是刀，精神是刀锋，刀锋的锐利是因刀而存在，刀灭则刀锋（利）也就灭了，因此神是也要与形俱灭的。鲁迅在南京进了矿路学堂，学习自然科学，受到了科学洗礼，但是引导他走向唯物路上去的，最初还是范缜的“神灭论”，后来的科学知识无非供给更多的证据，使他更坚定的相信罢了。

鲁迅从外国文学方面学习得来的东西很多，更不容易说，现在只能很简单的，就他早期写小说的时代来一谈。他于一九〇六年从医学校退学，决意要来搞文艺运动，从办杂志入手，并且拟定名称曰《新生》。计划是定了，可是没有资本，同人原来也只是四名，后来脱走了一个，就只剩下了三人，即是鲁迅，许寿裳和我。《新生》的运动是孤立的，但是脉搏却与当时民族革命运动相通，虽然鲁迅并不是同盟会员。那时同盟会刊行一种机关报，便是那有名的《民报》，后来请章太炎先生当总编辑，我们都很尊重，可是它只着重政治和学术，顾不到文艺，这方面的工作差不多便由《新生》来负担下去。因为这个缘故，《新生》的介绍翻译方向便以民族解放为目标，搜集材料自然倾向东欧一面，因为那里有好些“弱小民族”，处于殖民地的地位，正在竭力挣扎，想要摆脱帝国主义的束缚，俄国虽是例外，但是人民也在斗争，要求自由，所以也在收罗之列，而且成为重点了。这原因是东欧各国的材料绝不易得，俄国比较好一点，德文固然有，英日文也有些，杂志刊行虽已中止，收集材料计划却仍在进行，可是很是艰难，因为俄国作品英日译本虽有而也很少，若是别的国家如匈牙利，芬兰，波兰，捷克斯洛伐克，保加利亚，南斯拉夫（当时叫塞尔维亚与克洛谛亚），便没有了，德译本虽有但也不到东京来，因此购求就要大费气力。鲁迅查各种书目，又在书摊购买旧德文文学杂志，看广告及介绍中有什么这类的书出版，托了相识的书店向丸善书店定购，这样积累起来，也得到了不少，大抵多是文库丛书小本，现在看来这些小册子并无什么价值，但得来绝不容易，可以说是“粒粒皆辛苦”了。他曾以一角钱在书摊上买得一册文库本小书，是德文译的匈牙利小说，名曰《绞刑吏的绳索》，乃是爱国诗人裴多菲所作，是他唯一的小说。这册小书已经很破旧了，原来装订的铁丝锈断，书页已散，可是鲁迅视若珍宝，据我的印象来说，似乎是他收藏中唯一宝贵的书籍。这小说的分量并不很多，不知道他为什么缘故，不曾把它译了出来。

《新生》没有诞生，但是它的生命却是存在的。一九〇七年因了孙竹丹的介绍，给《河南》杂志写文章，重要的有一篇《摩罗诗力说》，可以当作《新生》上的论文去看。一九〇八年因了蒋抑卮的借款，印出了两册《域外小说集》，登载好些俄国和波兰的作品，也即是《新生》的资料。但是鲁迅更大的绩业乃是在创作的小说上，在这上边外国文学的力量也是不小的。这里恐怕也可以有些争辩，现在只能照我所见的事实来说，给与他影响的大概有这些作家与作品。第一个当然要算俄国的果戈理，他自己大概也是承认，《狂人日记》的篇名便是直接受着影响，虽然内容截然不同，那反礼教的思想乃是鲁迅所特有的。鲁迅晚年很费心力，把果戈理的《死魂灵》翻译出来，这部伟大的小说固然值得景仰，我们也可以说，这里看出二者的相类似，鲁迅小说中的许多脚色，除时地不同外，岂不也就是《死魂灵》中的人物么？第二个我想举出波兰的显克微支来。显克微支的晚期作品都是历史小说，含有反动的意义，不必说了，但他早期的作品的确有很好的，《域外小说集》中《灯台守》的诗都是他亲手所译，《炭画》一卷尤其为他所赏识，可能也给他一些影响。此外日本作家中有夏目漱石，写有一部长篇小说，名曰《我是猫》，假托猫的口气，描写社会情状，加以讽刺，在日本现代文学上很是有名，鲁迅在东京的时候也很爱读。在鲁迅的小说上虽然看不出明了的痕迹，但总受到它的有些影响，这是鲁迅自己在生前也曾承认的。

鲁迅读古书

关于鲁迅与古书的问题，普通有两种绝不相同的说法。甲说是主张用古文的一派：你们佩服鲁迅，他的新文学固然好，但那正是从旧文学出来的，因为他读得古书多，文学有根柢。乙说根据鲁迅自己的说话，在《晨报副刊》征求“青年必读书”的时候，他竭力劝青年不要读中国古书，免得意气销沉下去。这两种说法都不能说不对，可是也不全对，因为是片面的，不可能作为依据。我们现在客观的来评判一下，甲说的用意不好，利用鲁迅读古书的事实，来替古文张目，所以把事实歪曲了，是不足凭信的。乙说呢，事实是没有错，但我们知道那时正是北洋政府的反动时代，社会上复古空气很浓厚，提倡古典文学，就会被复古派所利用，有害无益，鲁迅反对读古书的主张是对于复古运动的反抗，并不足证明他的不读古书，而且他的反对青年读古书的缘故正由于他自己读透了古书，了解它的害处，所以才能那么坚决的主张。现在对于这个问题，我们客观的看来，鲁迅多读古书，得到好处，乃是事实，而这好处可以从消极和积极这两方面来说。

我们先来说第一点。所谓消极的好处，便是他从古书里发见了旧中国的病根，养成他反封建、反礼教的思想，发动伟大的思想的革命，这影响是很大的。中国的封建礼教思想过去有长远的历史，浸润在一切文物里边，凡是接触着的人，容易感染，不加救治就将成为痼疾。历代学者能够知道并且揭穿这个毛病的，屈指可数，汉末孔融与嵇康，明季李卓吾，清朝戴东原与俞理初这几个人而已。鲁迅同一般读书人一样，在古书堆里钻了多年，却能独自觉悟，这是什么道理呢？或者有人说这是科学知识的力量吧，事实却并不是如此，因为有好些科学家对于礼教并不反对。古语云，不入虎穴，焉得虎子，鲁迅便是因为身入虎穴，这才明白了老虎的真相的。话虽如此，钻到古书堆里这正与入虎穴相似，是颇为危险的事情，他有什么方法，才能安全无事的进去又出来的呢？这个理由有点不易说明，但事实总是这样，他在古书里摸索，黑暗中一手摸着了“礼教”（有如童话里的“老虎外婆”）的尖利的爪牙，使他蓦地觉悟，以后留心看去，到处看出猛兽的形迹，从这里发展下去，成为反封建礼教的打虎将，那是很自然的顺序了。

鲁迅摸着礼教的爪牙，这事出现在他很小的时候，具体的说是在初看《二十四孝》的时候。《二十四孝》据说是南宋大儒朱晦庵所编的，这事固然尚待查考，未可信凭，但在民间很有力量，是“三纲”中“父为子纲”的宣传书，那是人人皆知的。那里边所说的大抵离奇古怪，不近人情，其中老莱子彩衣娱亲，画作一个须发皓白的老人倒卧地上，手持有耳小摇鼓，鲁迅的故乡叫作“摇咕咚”的玩具，样子十分可笑，鲁迅文中已经大加嘲笑，尤其荒谬的要算那一幅郭巨埋儿的故事了。因为要孝养父母，嫌儿子养育花钱，决心去掘土坑，想把儿子活埋了事，画里郭巨正在挖坑，郭巨的妻手里抱着那小儿站着，小儿手里也正捏着一个摇咕咚。这使得鲁迅看了发生怎样的悲愤，在他后来所写的《二十四孝》[1]那篇文章中可以清楚的感到，我们这里可以不必重复多说。鲁迅在小时候就从孝道的教科书《二十四孝》上了解了古来礼教的残忍性，就立定了他的观点，随时随地都加警

【锺校】

① 鲁迅只写过一篇题为《二十四孝图》的文章，收入《朝花夕拾》集中。

惕，从古书中更多的发见资料，书读得愈多，也就愈加证明他见解的正确。这个结论便是“礼教吃人”，直到五四前后在《新青年》上才有机会揭出这个事实，表现在文学上的即是鲁迅的第一篇小说《狂人日记》。

鲁迅在《二十四孝》上发见了封建礼教的残忍性，又从种种子史古书上得到了大量的证明材料，这里可以稍加说明。他在书房里很早就读完了四书五经，还有工夫来加读了几经，计有《周礼》《仪礼》以及《尔雅》。可是这些经书固然没有给他什么好教训，却也还不曾给了他大的坏印象，因为较古的书也较说得纯朴，不及后代的说得更是严紧、凶狠。例如孔子在《论语》里说：“君君，臣臣，父父，子子”，汉朝学者提出了“三纲”，说是“君为臣纲，父为子纲，夫为妻纲”，宋人就更是干脆，说什么“君叫臣死，不得不死，父叫子亡，不得不亡”了。所以鲁迅的材料大都是在汉以后，特别是史部的野史和子部的杂家。举出具体的例来说：他看《玉芝堂谈荟》知道了历代武人的吃人肉，看《鸡肋编》知道了南宋山东义民往杭州行在，路上以人肉干为粮，看《南烬纪闻》知道了金人的淫虐，看《蜀碧》知道了张献忠的凶杀，看《明季稗史汇编》里的《扬州十日记》

知道了满人的屠杀，至于《皇朝典故》残本《立斋闲录》里录存明永乐的上谕，凶恶得“言语道断”(这里不再征引)，更是使得他生气，他总结起来，说中国书上鲜红的写着二字曰“吃人”，岂不是正当的么？他这篇《狂人日记》，形式是小说，实际是反对封建礼教的一篇宣言，也可以说是他关于野史和笔记的一则读书笔记。鲁迅在借了小说对于封建礼教开火之后，一直没有停过，在《祝福》里又开始了第二次总攻击，我们不能说鲁迅文章的好处是从古文中出来，但是说他攻击礼教这个意思乃是从古书中得来，即是出于古书的赐予，也是可以的吧？

上边我们只说得消极的一方面，其实在积极的一方面他也从古书得到不小的好处。这用现代的一句话来说，便是他因此理解了祖国的伟大的文化遗产，至于供给他后来在文艺研究的基础那还在其次。在鲁迅生存着的期间，国内有着什么保存国粹的口号，最明显的是刘师培、黄侃的《国故》和吴宓、胡先骕的《学衡》两次运动，但那是复古派所发动的，借了这个名称来维持旧礼教和古文，大家多反对它，觉得他们所谓国粹实在乃是些国滓国糟，因此连这个名字也有点厌恶，不愿意用了。可是试问，国粹这物事有没有呢，我想这是有的，不过不必说得那么玄妙，只如现今所说文化遗产，就十分确当。鲁迅读书从经书起头，于四书之外又读了八部经，可是如上文所说，这对于他大概没有什么影响。正史方面有一部明刊十八史，以备查考，也不曾好好读过。他小时候读过《古文析义》，当然也读《东莱博议》，但他与八大家无缘，“桐城派”自然更不必说了。《诗经》是硬读的，因此难以发生兴趣，韵文方面他所喜爱的有一部《楚辞》，此后是陶渊明，唐朝有李长吉、温飞卿和李义山，大家如唐之李杜，宋之苏黄，却并不着重，只有一部《剑南诗稿》，那大抵还是因为同乡的关系也未可知。对于“正宗”的诗文总之都无什么兴味，因此可以说他所走的乃是“旁门”，不管这意思好坏如何，总之事实是正确的。文章方面他喜欢一部《古文苑》，其中一篇王褒的《僮约》，他曾经选了来教过学生。他可以说爱六朝文胜于秦汉文，六朝的著作如《洛阳伽蓝记》《水经注》《华阳国志》，本来都是史地的书，但是文情俱胜，鲁迅便把它当作文章看待，搜求校刻善本，很是珍重。纯粹的六朝文他有一部两册的《六朝文絜》，很精简的辑录各体文词，极为便用，他对于唐宋文一向看不起，可是很喜欢那一代的杂著，小时候受《唐代丛书》的影响，后来转《太平广记》，发心辑录唐以前的古小说，成为《钩沉》巨著，又集唐代“传奇文”，书虽先出，实在乃是《钩沉》之续，不过改辑本为选本罢了。这一方面的努力即是研究小说史的准备，北京大学请他教书，只是一阵东风，催他成功就是了。

鲁迅读古书还有一方面是很特别的，即是他的看佛经。一般文人也有看佛经的，那大半是由老庄引伸，想看看佛教的思想，作个比较，要不然便是信仰宗教的居士。但鲁迅却两者都不是，他只是当作书读，这原因是古代佛经多有唐以前的译本，有的文笔很好，作为六朝著作去看，也很有兴味。他这方面所得的影响大概也颇不小，看他在一九一四年曾经捐资，托南京刻经处重刊一部《百喻经》，可以明了。梁任公在《翻译文学与佛典》一文中曾说道：

> 试细检藏中马鸣所著之《佛本行赞》，实一首三万馀言之长歌，今译本虽不用韵，然吾辈读之，犹觉其与《孔雀东南飞》等古乐府相仿佛。其《大乘庄严论》则直是《儒林外史》式之一部小说，其原料皆采自《四阿含》，而经彼点缀之后，能令读者肉飞神动。马鸣以后成立之大乘经典，尽汲其流，皆以极壮阔之文澜，演极微妙之数理，若华严、涅槃等，此等富于文学性的经典，复经译家宗匠以极优美之国语为之移写，社

会上人人嗜读，即不信解教理者，亦靡不心醉于其词绩，故想像力不期而增进，诠写法不期而华新，其影响乃直接表见于一般文艺。

这一段有地方不免稍有夸张，但大体说得还对，现在借用了来作为鲁迅读佛经的说明，倒是极为适合的。

鲁迅有一个时期也很搞过“文字学”，特别是《说文解字》，如《域外小说集》中那些文言译的短篇上，很留下些痕迹，特别在集里那短短的引言上。但是那只是暂时的，到了用白话写作的时候，这就全然不见，所以这里也从略了。

鲁迅与歌谣

这篇文章的题目有点枯窘，恐怕不能写得好，因为我写鲁迅纪念的文章，都是回忆小品的性质，所用的材料须得是事实，而事实则是有限量的。这好比是一叠钞票，用一张少一张，到用完便没有了，不可能自己来制造补充。关于鲁迅我已经写了不少文章，存储的材料几乎没有什么了，此次给《民间文学》写稿，尤其觉得为难，在这一方面其实并不曾写过文章，难的在于根本缺少材料。鲁迅曾经译过《俄罗斯童话》[1]，但那乃是后期的事情，在他前半期却还没有注意，即如格林姆兄弟的《德意志家庭童话》，他大概也只有小丛书本，虽是全书，但并没有那么许多的研究解说。只是对歌谣，他曾有过关心，这是我唯

【锺校】

① 鲁迅译出的书没有《俄罗斯童话》，只有《俄罗斯的童话》（高尔基著）。

一的记忆与材料了。

一九一〇年前后，即是清末民初，鲁迅在从事于《古小说钩沉》和《会稽郡故书杂集》的辑录工作，到了一九一二年中华民国成立，他那工作差不多完成，便应蔡孑民之召，往南京教育部任职，不久随着政府迁移至北京。那时我留在家乡，除在中学校教一点书之外，开始收集研究儿歌与童话，先后在一九一三至一九一四年中，用文言写了几篇论文，在那时当然无处可以发表，有一篇《童话之研究》寄给《中华教育界》，送给它白登，只希望给与该杂志一年份（代价计一元）作报酬，终于也被拒绝，寄给鲁迅去看，由他主持转交《教育部编审处月刊》，并后来所写论文，陆续发表在那上面。他特别支持我收集歌谣的工作，大概因为比较易于记录的关系吧，他曾从友人们听了些地方儿歌，抄了寄给我做参考。我的收集本来是故乡为主，他在北京所能听到的当然都是些外地的，寄给我的一张底稿我还保留着，后来将原本送给了人民文学出版社的鲁迅著作编辑室了，文句抄留在歌谣稿本上。查甲寅（一九一四）年旧日记，二月项下有云，六日得北京一日函，附儿歌数首。全文今抄录于后：

一

羊，羊，跳花墙。

花墙破，驴推磨。

猪挑柴，狗弄火。

小猫上炕捏饽饽。

这里断句系以韵为准，与以文法为准者不同。

二

小轿车，白马拉。

唏哩哗啦[1]回娘家。

三

风来了，雨来了。

和尚背了鼓来了。

这里藏？

庙里藏。

一藏藏了个小儿郎。

儿郎儿郎你看家，

锅台后头有一个大西瓜。（以上北京）

四

棉花桃，满地蹦。

姥姥见了外甥甥。（直隶高阳）

五

月公爷爷，保佑娃娃。

【原注】

① 铃铎之声属也，非指人声。

娃娃长大，上街买菜。　　（江西南昌）

六

车水车水，车到杨家嘴。

杨奶奶，好白腿。

你走你的路，

我车我的水，

管我白腿不白腿。　　　　（安徽）

我的《越中儿歌集》，从一九一三年一月计划起，收集材料也已不少，却终于未曾编成。到了一九三六年四月，改名《绍兴儿歌述略》，写了一篇序文，登在当时北京大学的《歌谣周刊》上，预备赶紧把它编出来。可是因为有些方言的句子，用字拼音都是问题，而且关于风俗和名物，须要许多繁琐的解释，一时未能着手。去年有朋友提议，最好能设法编好，在鲁迅逝世二十周年时印出来，也好做个纪念。这个主张很好，我也很有这个意思，我预写那篇《儿歌述略》的序文以来，岂不也已是二十年过去了么。不过力不从心，至今还只有一本草稿，实在很是惭愧。现在姑且抄两章下来，比较易于记录的，作为鲁迅故乡地方歌谣的样本。其一是“月亮弯弯”，依据范寅著《越谚》卷上所载，范氏原本在题下有小注云：“此谣越俗出嫁女人情如绘。”

月亮弯弯，囡来望娘。
娘话心肝肉归哉！
爹话一盆花归哉！
娘娘话穿针肉归哉！
爷爷话敲背肉归哉！
唔妈见我归，
捡起罗裙揩眼泪。
爹爹见我归，
拔起竹竿赶市去。
娘娘见我归，
驮得拐杖后园赶雄鸡。
爷爷见我归，
挑开船篷外孙抱弗及。
嫂嫂见我归，
锁笼锁箱锁弗及。
哥哥见我归，
关得书房假读书。

我们这里再来抄一篇，系从平水地方一位老太太口里采集来的，流传于老百姓中间，对于升官发财思想似嘲似讽，颇有意思。歌的表面是嘲笑癞子的。

癞子癞新鲜，
爬起天亮去耘田。

一耘耘到大路沿，
癞子沥勒沥勒开火吃潮烟。
吃浪一口大青烟，
我道哪里个青龙来出现，
哪道是一根大黄鳝！
我要捉，伊要颠。
走过个叔叔伯伯拨我上上肩！
一肩肩到大堂前，
十节驮来腌，
廿节驮来鲜。
头头尾尾晒鳝干，
黄鳝骨头买引线。
一卖卖到十八千，
放债盘利钱，
赶考中状元，
前门竖旗竿，
后门钉牌匾。

鲁迅与清末文坛

这个题目意思不大明了，须要说明一句。所谓文坛是狭义的，不包括当时的诗文在内，实在只是说有些出版物，而且也仅仅是一部分，据我所知道与他有关系的，简单的来说一下。我说简单，并不是故意简略，实在是因为年月隔得久远了，记忆又不完全，所以不能详说罢了。

鲁迅于戊戌（一八九八）年三月往南京进学堂，在这以前他住在家里，只买些古书来看，与当时出版界不发生关系，所看到的新刊物至多只是《点石斋画报》而已。在南京三年中，与“西学”开始接触，但那也多是些科学，不过是中学知识，但是他所进的是矿路学堂，有地质学这门功课，用的课本是英国赖耶尔的名著《地质学纲要》，中译本名为《地学浅说》，是一种新鲜的学问，给了他不少的惊奇与喜悦。此外则是进化论的学说，那时候还没有简要的介绍书，达尔文原书译本更是谈不到，他所看见的是那时出版的严译《天演论》。这是一本不三不四的译本，因为原来不是专讲进化论的，乃是赫胥黎的一篇论文，题目是《进化与伦理》，译者严幾道又是用了“达恉”的办法，就原本的意思大做其文章，吴挚甫给做序文，恭维得了不得，说原书的意思不见得怎么高深，经译者用了上好的古文一译，这便可以和先秦的子书媲美了。鲁迅在当时也还不明白他们的底细，只觉得很是新奇，如《朝华夕拾》中“琐记”一篇里所说，什么“赫胥黎独处一室之中，在英伦之南，背山而面野，槛外诸境，历历如在几下”，琅琅可诵，有如“八大家”的文章。因此大家便看重了严幾道，以后他每译出一部书来，鲁迅一定设法买来，自甄克思的《社会通诠》，斯宾塞的《群学肄言》，孟德斯鸠的《法意》，以至读不懂的《穆勒名学部甲》，也都购求到手。直到后来在东京，看见《民报》上章太炎先生的文章，说严幾道的译文“载飞载鸣”，不脱八股文习气，这才恍然大悟，不再佩服了。平心的说来，严幾道的译文毛病最大的也就是那最有名的《天演论》，别的其实倒还没有什么，如《社会通诠》和《法意》两书，或者可以说是通顺诚实，还不失为好译本吧。就我个人来说，他的一册《英文汉诂》，或者有人要嫌它旧，我却是一直喜欢它的。我们在南京学堂的时候，发给我们的英文文法书正是他所依据的一八四〇年初版的《马孙氏文法》，书尽管旧，但是有学术的空气，比后来盛行的纳斯菲尔特的《印度用文法》来，真不可同年而语了。

鲁迅更广泛的与新书报相接触，乃是壬寅（一九〇二）年二月到了日本以后的事情。其时梁任公亡命日本，在横浜办《清议报》，后来继以《新民丛报》，风行一时，因为康梁虽然原来都是保皇的，但梁任公毕竟较为思想开通些，他的攻击西太后看去接近排满，而且如他自己所说，"笔锋常带情感"，很能打动一般青年人的心，所以有很大的势力。癸卯（一九〇三）年三月鲁迅寄给我一包书，内中便有《清议报汇编》八大册，《新民丛报》及《新小说》各三册，至于《饮冰室自由书》和《中国魂》，则在国内也已借看到了。不过民族革命运动逐渐发展，《新广东》《革命军》公然流传，康梁的立宪变法一派随之失势，但是对于我们，《新小说》的影响还是存在，因为对抗的同盟会在这一方面没有什么工作，乃是一个缺陷。《新小说》上登过嚣俄（今称雨果）的照片，就引起鲁迅的注意，搜集日译的中篇小说《怀旧》（讲非洲人起义的故事）来看，又给我买来美国出版的八大本英译《雨果选集》。其次有影响的作家是焦尔士威奴（今译儒勒凡尔纳），他的《十五小豪杰》和《海底旅行》，是杂志中最叫座的作品，当时鲁迅决心来翻译《月界旅行》，也正是为此。《十五小豪杰》终于未曾登完，心里很不满足，今年我还托人找到新出的日本全译本来，可是事隔五十年以上，读了并不像当时那么有趣，而且因为事忙，一厚本书也没法全读。近日报道，凡尔纳的名著十多种都将译出，由中国青年出版社刊行，这消息很是可喜，也证明了我们过去的喜爱是对的。

这以后，对于鲁迅有很大的影响的第三个人，不得不举出林琴南来了。鲁迅还在南京学堂的时候，林琴南已经用了冷红生的笔名，译出了小仲马的《茶花女遗事》，很是有名。鲁迅买了这书，同时还得到两本有光纸印的书，一名《包探案》，是福尔摩斯故事，一名《长生术》，乃是神怪小说，说什么“罐盖人头之国”，至今还记得清楚。这在后来才弄明白，乃是哈葛得的一部小说，与后来林译的《金塔剖尸记》等是同一类的。《茶花女》固然也译得不差，但是使得我们读了佩服的，其实还是那部司各得的《撒克逊劫后英雄略》，原本既是名著，译文相当用力，而且说撒克逊遗民和诺曼人对抗的情形，那时看了含有暗示的意味，所以特别的被看重了。《埃及金塔剖尸记》的内容古怪，《鬼山狼侠传》则是新奇，也都很有趣味。前者引导我们去译哈葛得，挑了一本《世界的欲望》，是把古希腊埃及的传说杂拌而成的，改名为《红星佚史》，里面十多篇长短诗歌，都是由鲁迅笔述下来，用楚词句调写成的。后者更是爱读，书里边的自称“老猎人”的土人写得很活现，我们后来闲谈中还时常提起，好像是《水浒传》中的鲁智深和李逵。我们对于林译小说有那么的热心，只要他印出一部，来到东京，便一定跑到神田的中国书林，去把它买来，看过之后鲁迅还拿到订书店去，改装硬纸板书面，背脊用的是青灰洋布。但是这也只以早期的林译本为限，例如上边所说三种之外，有《迦因小传》，《鲁滨孙漂流记》正续，《玉雪留痕》，《橡湖仙影》。到了末后两部也已经看得有点厌倦，但还是改订收藏，随后更是译得随便，便不足观了。斯威夫特的《格利佛游记》与伊尔文的《见闻杂记》，本是好书，却被译得不成样子，到了塞万提斯的《堂吉诃德传》，改名为《魔侠传》，错译乱译，坏到极点了。我们当初觉得林译颇能传达滑稽的趣味，如《劫后英雄略》等书中所见，岂知他遇到真正有滑稽味的作品反而全都弄糟了呢？后期林译本中如《块肉馀生述》，老实说也还不坏，不过有如吃食的人，吃过一口坏东西，也就不想再吃了。到了民国以后，对于林琴南的译本鲁迅是完全断绝关系了，但对于他的国画还多少有点期望。“壬子（一九一二）日记”中十一月九日项下记云：“赴留黎厂买纸，并托清秘阁买林琴南画册一叶，付银四元四角，约半月后取。”十四日记云：“午后清秘阁持林琴南画来，亦不甚佳。”到了“五四”那年，反动派文人对于《新青年》的言论十分痛恨，由林琴南为首的一群想运动徐树铮来用武力镇压，在《大公报》上发表致蔡孑民书外，又写小说曰《荆生》（隐徐姓），又曰《妖梦》，暴露了丑恶的面目，这之后才真为鲁迅所不齿了。

对于当时国内的创作小说，鲁迅似乎一向不大注意，那些南亭亭长等的大部著作，大概也是在后来讲小说史的时候，这才细读加以评介的。以前在上海《时报》上见到冷血的文章，觉得有趣，记得所译有《仙女缘》，曾经买到过，天笑的便不曾发生关系。苏子穀在东京时曾见过面，朋友们中间常常谈起“老和尚”的事情，他的文笔也很不差，可是他的文言小说虽是在《东方杂志》等上边发表，又印成单行本，风行一时，但鲁迅并不感觉什么兴趣。说是不喜欢文言么，那时也还不写白话，而且他对于文言译本的《炭画》也很是欣赏的。总之他对于其时上海文坛的不重视乃是事实，虽然个别也有例外，有如周瘦鹃，便相当尊重，因为所译的《欧美小说丛刊》三册中，有一册是专收英美法以外各国的作品的。这书在一九一七年出版，由中华书局送呈教育部审查注册，发到鲁迅手里去审查，他看了大为惊异，认为“空谷足音”，带回会馆来，同我会拟了一条称赞的评语，用部的名义发表了出去。据范烟桥的《中国小说史》中所记，那一册中计收俄国四篇，德国二篇，意大利、荷兰、西班牙、瑞士、丹麦、瑞典、匈牙利、塞尔维亚、芬兰各一篇，这在当时的确是不容易的事了。

鲁迅与范爱农

鲁迅与范爱农——这两个人的缘分真是很奇特的。他们是同乡留日学生，在日本住上好几年，只在同乡会上见过面，主张虽同而说话不投，互相瞪眼而别。这在《朝花夕拾》末篇《范爱农》中说得很是具体，时为光绪丁未即一九〇七年，阴历五月二十六日徐伯荪在安庆起义，杀了恩铭，旋即被害，六月初五日秋瑾也在绍兴被杀，同乡会议就是为的讨论这事，所以时期该在阳历七月吧。匆匆过了五年，辛亥（一九一一）革命成功，绍兴军政府任命鲁迅为本地师范学堂（其时尚未改称学校）校长，范爱农为学监，两人第二次见面，成为好友。因为学堂与鲁迅故家相距不到一里路，在办公完毕之后，范爱农便戴着农夫所用的卷边毡帽，下雨时穿着钉鞋，拿了雨伞，一直走到“里堂前”，来找鲁迅谈天。鲁老太太便替他们预备一点家乡菜，拿出老酒来，听主客高谈，大都是批评那些“呆虫”的话，老太太在后房听了有时不免独自匿笑。这样总要到十时后，才打了灯笼回学堂去，这不但在主客二人觉得愉快，便是老太太也引以为乐的。但是“好景不常”，军政府对于学校本不重视，而且因为鲁迅有学生在办报，多说闲话，更是不高兴，所以不久自动脱离，两人就连带去职了。

一九一二年元旦，南京政府成立，蔡孑民任教育部长，招鲁迅去帮忙，匆匆往南京，这两位朋友只聚会了两个月光景，又复永远分别了。范爱农失业后，在绍兴杭州间飘泊了几时，终于落水而死，鲁迅那篇文章便是纪念他而作的。这件事说起来已经很古，因为中间经过了四十多年了。可是事有凑巧，近时忽然无意中找着了好些重要的材料，可以稍加说明。这乃是范爱农的几封信，都是在那时候寄给鲁迅的。其一是三月二十七日从杭州所发，其文云：

豫才先生大鉴：晤经子渊，暨接陈子英函，知大驾已自南京回。听说南京一切措施与杭绍鲁卫，如此世界，实何生为，盖吾辈生成傲骨，未能随波追流，惟死而已，端无生理。弟于旧历正月二十一日动身来杭，自知不善趋承，断无谋生机会，未能抛得西湖去，故来此小作勾留耳。现承傅励臣函邀担任师校监学事，虽未允他，拟阳月杪返绍一看，为偷生计，如可共事，或暂任数月。罗扬伯居然做第一科课长，足见实至名归，学养优美。朱幼溪亦得列入学务科员，何莫非志趣过人，后来居上，羡煞羡煞。令弟想已来杭，弟拟明日前往一访。相见不远，诸容面陈，专此敬请著安。弟范斯年叩，二十七号。《越铎》事变化至此，恨恨，前言调和，光景绝望矣。又及。

这里需要说明的，如傅励臣即《朝花夕拾》中所说后任校长孔教会会长傅力臣，朱幼溪即都督府派来的拖鼻涕的接收员，罗扬伯则是所谓新进的革命党之一人。《越铎》即是骂都督的日报，系鲁迅学生王文灏等所创办，不过所指变化却不是报馆被毁案，乃是说内部分裂，李霞卿等人分出来，另办《民兴报》，后来鲁迅的《哀范君》的诗便是登在这报上的。末后说到我往杭州事，那时浙江教育司（后来才改称教育厅）司长是沈钧儒先生，委我当本省视学，因事迟去，所以不曾遇见爱农。鲁迅往南京去，大概在三月末回家过一趟，随后跟了政府移往北京。他的“壬子日记”从五月开始，所以这一段事情无可查考，日记第一天是五月五日，说“舟抵天津”，想来该是四月末离绍的吧。在这以前，鲁迅和范爱农应当在家里会见过，可是这也毫无记忆了。

第二封信的日期是五月九日，也是从杭州寄出，这在“壬子日记”上有记录：“五月十五日上午得范爱农信，九日自杭州发。”其文云：

豫才先生钧鉴：别来数日矣，屈指行旌已可到达。子英成章已经卸却，弟之监学则为二年级诸生斥逐，亦于本月一号午后出校。此事起因虽为饭菜，实由傅励臣处置不宜，平日但求敷衍了事，一任诸生自由行动所致。弟早料必生事端，惟不料祸之及己。推及己之由，则（后改为“现悉统”）系何几仲一人所主使，唯几仲与弟结如此不解冤，弟实无从深悉。盖饭菜之事，系范显章朱祖善二公因二十八号星期日起晏，强令厨役补开，厨役以未得教务室及庶务员之命拒之，因此深恨厨役，唆令同学于次日早膳，以饭中有蜈蚣，冀泄其忿。时弟在席，当令厨役掉换，一面将厨役训斥数语了事。讵范朱等忿犹未泄，于午膳时复以饭中有蜈蚣，时适弟不在席，傅励臣在席，相率不食（但发现蜈蚣时有半数食事已毕），坚欲请校长严办厨房，其意似非撤换不可。傅乃令诸生询弟，弟令厨役重煮，学生大多数赞成，且宣言如菜不敷，由伊等自购，既经范某说过重煮，定须令厨役重煮。厨役遂复煮，比熟已届上课时刻，乃请诸候选教员用膳，请之再三，而胡问涛朱祖善范显章赵士璨等一味在内喧扰不来。励乃嘱弟去唤，一面摇铃，令未饱者赶紧来吃，其馀均去上课。弟遂前往宣布，胡问涛以菜冷且不敷为词，弟乃云前此妆等宣言菜如不敷，由汝等自备，现在汝等既未备，无论如何只有勉强吃一点。胡等犹复刺刺不已，弟遂宣言，不愿吃又不上课，汝等来此何干，此地究非施饭学堂（施饭两字系他们所出报中语），如愿在此肄业，此刻饭不要吃了，理当前去听讲，否则即不愿肄业，尽可回府，即使汝等全体因此区区细故愿退学亦不妨。于是欲吃者还赴膳厅，其已毕者去上课。昨晨早膳，校长俟诸生坐齐后乃忽宣言，此后诸生如饭菜不妥，须于未坐定前见告，如昨日之事可一不可再，若再如此，决不答应。诸生复愤，俟食毕遂开会请问校长，以罢课为要挟，此时系专与校长为难，未几乃以弟昨日所云退学不妨一语为词，宣言如弟在校，决不上课，系专与弟为难，延至午后卒未解决。弟以弟之来师范非学生之招，系校长所聘，非校长辞弟，非弟辞校长，决不出校，与他们寻开心。学生往告诉几仲，傍晚几仲遂至校，嘱校长辞弟，谓范某既与学生不洽，不妨另聘，傅未允，怏怏去。次日仍不上课，傅遂悬牌将胡问涛并李铭二生斥退（此二生有实据，系与校长面陈换弟），胡李遂与赵士瑹朱祖善等持牌至知事署，并告几仲。几仲遂于午后令诸生将弟物件搬出门房，几仲亦来（并令大白暨文灏登报），弟适有友来访，遂与偕出返舍。刻因家居无味，于昨日来杭，冀觅一栖枝，且如是情形（案此四字下文重复，推测当是“陈子英”之误写），亦曾约弟同往西湖闲游，故早日来杭，因如是情形现有祭产之事，日前晤及，云须事毕方可来杭也。专此即询兴居，弟范斯年叩，五月九号。诸乡先生晤时希为候候。蒙赐示希寄杭垣江门局内西首范宅，或千胜桥宋高陶巷口沈馥生转交。

第三封信是在四天后寄出的，鲁迅日记上也有记录云：“十九日夜得范爱农信，十三日自杭州发。”其文云：

豫才先生赐电：阳历九号奉上一缄，谅登记室。师校情形如是，绍兴教育前途必无好果。顷接子英来函云，陈伯翔兄亦已辞职，伯翔境地与弟不相上下，当此鸡骛争食之际，弃如敝屣，是诚我越之卓卓者，足见阁下相士不虚。省中人浮于事，弟生成傲骨，不肯钻营，又不善钻营。子英昨来函云，来杭之约不能实践，且以成章校擅买钱武肃王祠馀地，现钱静斋父子邀同族人，出而为难，渠虽告退，似不能不出为排解，惟校董会长决计不居，并云倘被他们缠绕不休，或来杭垣一避。如是情形弟本拟本月西归，惟昨访沈馥生，询及绍地种种，以弟返绍家居，有何兴味，嘱弟姑缓归期，再赴伊寓盘桓一二旬，再作计较，刻拟明后日前往。如蒙赐示，乞径寄千胜桥宋高陶巷口沈寓可也。专此即询兴居，弟范斯年叩，五月十三号。

关于这两封信我们来合并说明一下。陈子英名濬，与徐伯荪相识最早，是革命运动的同志，范爱农沈馥生则是徐的后辈，一同往日本去的。陶成章资格更老，很早就在连络会党，计划起事，是光复会的主干，为同盟会的陈其美所忌，于壬子一月十三日被蒋介石亲手暗杀于上海。他的友人同志在绍兴成立一个“成章女学校”，给他作纪念，陈子英有一个时期被推为校董会长。何几仲系《阿 Q 正传》中所说“柿油党”（自由党）的一个重要人物，当时大概是在做教育科长吧。陈伯翔是鲁迅教过书的“两级师范学堂”

的毕业生，在师范学校任课，因为范爱农被逐的事件，对于校长和学生都感觉不满，所以辞职表示反对。这表示出他是有正义感的人物，范爱农信里称赞的话不是虚假的。鲁迅日记中此后还有一项云：“六月四日得范爱农信，三十日杭州发。”只可惜这一封信现在找不到了。

范爱农后来落水而死，那时的事情有点记忆不清了，但是查鲁迅的“壬子日记”，还可以找出一点来。七月项下云：“十九日晨得二弟信，十二日绍兴发，云范爱农以十日水死。悲夫悲夫，君子无终，越之不幸也，于是何几仲辈为群大蠹。”又云：“二十二日夜作韵言三首，哀范君也，录存于此。”

其一

风雨飘摇日，余怀范爱农。
华颠萎寥落，白眼看鸡虫。
世味秋荼苦，人间直道穷。
奈何三月别，遽尔丧畸躬。

其二

海草国门碧，多年老异乡。
狐狸方去穴，桃偶尽登场。
故里彤云恶，炎天凛夜长。
独沉清冽水，能否洗愁肠？

其三

把酒论当世，先生小酒人。

大圜犹酩酊，微醉自沉沦。

此别成终古，从兹绝绪言。

故人云散尽，我亦等轻尘。

这三首是根据二十三日寄给我的原稿，有二三处与日记上不同，却比较的好，可见系改定本，如其二的第四句末原作“已登场”，第五句作“寒云恶”，第七句作“清泠水”，则嫌平仄未叶了。稿后附记四行云：

我于爱农之死为之不怡累日，至今未能释然。昨忽成诗三章，随手写之，而忽将鸡虫做入，真是奇绝妙绝，辟历一声，群小之大狼狈。今录上，希大鉴定家鉴定，如不恶乃可登诸《民兴》也。天下虽未必仰望已久，然我亦岂能已于言乎。二十三日，树又言。

鲁迅哀范君的诗很是悲愤，附记却又杂以诙谐，所云大什么家及天下仰望，皆是朱幼溪的口吻，这里加以模仿的。日记八月项下云：

二十八日收二十及二十一二日《民兴日报》一分，盖停版以后至是始复出，余及启孟之哀范君诗皆在焉。

鲁迅的朋友中间不幸屈死的人也并不少，但是对于范爱农却特别不能忘记，事隔多年还专写文章来纪念他。这回发见范爱农的遗札，原是偶然，却也是很特别的，使得我们更多的明了他末年的事情，给鲁迅的文章做注解，这也正是很有意思的事吧。

鲁迅与《弟兄》

前几时有画家拿了所画鲁迅像的底稿来给我看，叫提意见，我对于艺术是外行，但单说像不像，那总是可能的。这像不像也有区别，大概可以分作两点来说，即一是形状，二是精神，假如这说得有点唯心，或者可以说是神气吧。老实说来，我看见有些鲁迅画像连形状都不大像，有些容貌像了，而神气不很对，换句话说是不够全面的。因为鲁迅对人有两种神气，即是分出敌与友来，表示得很明显，其实平常人也是如此，只是表现得要差一点罢了。他对于伪正人君子等敌人，态度很是威猛，如在文章上所看见似的，攻击起来一点不留情，但是遇见友人，特别是青年朋友的时候，他又是特别的和善，他的许多学生大抵都可以作证。平常的鲁迅画像大抵以文章上得来的印象为依据，画出来的是战斗的鲁迅一面，固然也是真相，但总不够全面。这回画家拿来给我看的，我觉得却能含有上边所说的两样神气，那时便把这外行人的赞语献给了画家了。不但是画像，便是在文章上，关于鲁迅也应该说得全面一点，希望和他有过接触的人，无论同僚（现在大概绝无仅有了），学生，做过文学、艺术、革命运动的同志，诚实的根据回忆，写出他少有人知道的这一方面，来作纪念。家属来写这类文章，比较不容易，许多事情中间挑选为难，是其一，写来易涉寒伧，是其二，也是最重要的一点。现在且就鲁迅所写的两篇作品来加以引伸，挑选的问题可以没有了，馀下的问题是看能不能适当的写下来。

第一篇文章是散文集《野草》里的《风筝》。这篇文章流传得很广，因为我记得曾经选入教科书选本之类，所以知道的人很多，有教师写信来问，这小兄弟是谁，到底是怎么一回事？我只能回答说明，这类文章都是歌德的所谓“诗与真实”，整篇读去可以当作诗和文学看，但是要寻求事实，那就要花一点查考分别的工夫了。文中说他不爱放风筝，这大抵是事实，因为我的记忆里只有他在百草园里捉蟋蟀，摘复盆子等事，记不起有什么风筝。但是他说也不许小兄弟去放，一天发见小兄弟松寿[1]在偷偷的糊蝴蝶风筝，

【锺校】

① 鲁迅《风筝》中的人物只有“小兄弟”，没有“小兄弟松寿”。

便发了怒，将蝴蝶的一支翅骨折断，又将风轮掷在地下，踏扁了。事隔多年之后，了解了游戏是儿童的正当的行为，心里觉得很抱歉，想对小兄弟说明这意思，可是后来谈及的时候，小兄弟却是像听着别人的故事一样，说“有过这样的事么?”什么也不记得了。这里主要的意思是说对于儿童与游戏的不了解，造成幼小者的精神上的虐待（原文云虐杀），自己却也在精神上受到惩罚，心里永远觉得沉重。作者原意重在自己谴责，而这些折毁风筝等事乃属于诗的部分，是创造出来的。事实上他对于儿童与游戏并不是那么不了解，虽然松寿喜爱风筝，而他不爱放风筝也是事实。据我所记忆，松寿不但爱风筝，而且也的确善于糊制风筝，所糊有蝴蝶形、老鹰形的各种，蝴蝶的两眼不必说，在腿的上下两部分也都装上灵活的风轮(术语称曰风盘)，还有装“斗线”，即风筝正面的倒三角形的线，总结起来与线索相联接处，也特别巧妙，几乎超过专家，因为自制的风筝大抵可以保险，不会在空中翻筋斗的。我曾经看、也帮助他糊过放过，但是这时期大概在戊戌（一八九八）年以后，那时鲁迅已进南京学堂去了。鲁迅与小兄弟松寿的事情还有一件值得记述一下。大概是乙未（一八九五）年的正月，鲁迅和我和松寿三人（那时四弟椿寿尚在，但年只三岁)，各从压岁钱内拿出五十文来，合买了一本《海仙画谱》。原来大概是由于小兄弟动议，愿意加入合作的吧，可是后来不知道是因为书没有意思，还是不能随意取阅的缘故呢，他感觉不满意，去告诉了父亲伯宜公。伯宜公正躺在小榻上抽鸦片烟，便叫拿书来看，鲁迅当时颇有点儿惶恐，因为那时买书还是瞒着大人们的。可是伯宜公对于小孩却是颇有理解，他拿过去翻阅了一遍，并不说什么话，仍旧还了我们了。鲁迅刚读过《诗经》，《小雅》里《巷伯》一篇大概给他很深的印象，因此他有一个时候便给小兄弟起了一个绰号，便是“谗人”。但是小兄弟既然还未读书，也不明白它的意义，并不介意，不久也就忘了。此外又给小兄弟起过别的绰号，叫作“眼下痣”，因为他在眼睛底下有一个黑痣，这个别号使用得相当久，比较复杂的含有滑稽与亲爱的意味。

第二篇小说是在《彷徨》里边，题目便叫作《弟兄》。这篇既然是小说，论理当然应该是诗的成分加多了，可是事实却并不如此，因为其中主要关于生病的事情都是实在的，虽然末后一段里梦的分析也带有自己谴责的意义，那却可能又是诗的部分了。文中说张沛君因为他的兄弟靖甫生病，很是着急，先请同寓白问山看，说是“红斑痧”，他更是惊惶，竭力设法请了德国医生来，诊断是“疹子”，这才放了心。沛君与靖甫很是友爱，但在心里沛君也不能没有私心，他怕靖甫死后遗族要他扶养，怕待子侄不能公平，于是造成了自己谴责的恶梦。事实上他也对我曾经说过，在病重的时候“我怕的不是你会得死，乃是将来须得养你妻子的事”。但是这些都不重要，我们要说的是那中间所有的事实。先在这里来摘录我旧日记的一部分，这是从一九一七年五月八日起头的。

八日，晴。上午往北大图书馆，下午二时返。自昨晚起稍觉不适，似发热，又为风吹少头痛，服规那丸四个。

九日，晴、风。上午不出门。

十一日，阴、风。上午服补丸五个令泻，热仍未退，又吐。

十二日，晴。上午往首善医院乞诊，云是感冒。

十三日，晴。下午请德国医生格林来诊，云是疹子，齐寿山君来为翻译。

十六日，晴。下午请德国医生狄博尔来诊，仍齐君通译。

二十日，晴。下午招匠来剪发。

廿一日，晴、风。上午写日记，自十二日起

未写，已阅二星期矣。下午以小便请医院检查，云无病，仍服狄博尔药。

廿八日，晴。下午得丸善十五日寄小包，内梭罗古勃及库普林小说集各一册。

我们根据了前面的日记，再来对于本文稍加说明。小说中所称“同兴公寓”，那地方即是绍兴县馆，但是那高吟白帝城的对面的寓客却是没有的，因为那补树书屋是个独院，南边便是供着先贤牌位的仰蕺堂的后墙。其次，普悌思大夫当然即是狄博尔，据说他的专门是妇科，但是成为北京第一名医，一般内科都看，讲到诊金那时还不算顶贵，大概出诊五元是普通，如本文中所说。请中医来看的事，大概也是实有的，但日记上未写，有点记不清了，本文加上一句“要看你们的家运”的话，这与《朝花夕拾》中陈莲河说的“可有什么冤愆”互为表里，作者遇到中医是不肯失掉机会，不以一矢相加遗的。其三，医生说是疹子，以及检查小便，都是事实，虽然后来想起来，有时也怀疑这恐怕还是猩红热吧。其四，本文中说取药来时收到“索士”寄来的一本《胡麻与百合》，实在乃是两册小说集，后来便译了两篇出来，都登在《新青年》上，其中库普林的《皇帝的公园》要算是顶有意思。本文中说沛君转脸去看窗上挂着的日历，只见上面写着两个漆黑的隶书：廿七。这与日记上所记的廿八只是差了一天。

以上是我在《彷徨衍义》中的一节，现在几乎全抄了来，再稍为补充一点儿。当时鲁迅所用的听差即是会馆里“长班”的儿子，鲁迅送他一个外号曰公子，做事有点麻胡，所以看病的事差不多由他下班后自己来办。现在只举一例，会馆生活很是简单，病中连便器都没有，小便使用大玻璃瓶，大便则将骨牌凳放翻，洋铁簸箕上厚铺粗草纸，姑且代用，有好多天都由鲁迅亲自拿去，倒在院子东南角的茅厕去。这似乎是一件琐屑的事，但是我觉得值得记述，其馀的事情不再多说也可以了。

此外还有一点，虽然与小说无关，似可附带的一说，便是鲁迅的肯给人家看稿，修改、抄录。对于一般青年朋友，他也是一样，我现在只是根据自己的记忆来说罢了。过去在东京的时候，我们翻译小说卖钱，如《红星逸史》以至《劲草》，又编刊《域外小说集》，所译原稿都由他修正一过，再为誊清。后来在绍兴县馆，我在北大教书的讲义，给《新青年》翻译的小说，也是如此，他总叫起了草先给他一看，又说你要去上课，晚上我给你抄了吧。这些事情已经过去久远了，现在似乎也无须再提，可是事有凑巧，前几时在故纸堆中找着了若干页旧稿，乃是《域外小说集》第三册的一部分稿子，这就令我又想起旧事来了。《域外小说集》第二册的末页登有预告，其中一项是匈牙利密克札特的《神盖记》，那时译出了第一卷，经鲁迅修改过，这底稿这回找了出来了。我们找到了英文译本，又在德国舍耳的《世界文学史》上见到作者的照相，更是喜欢，发心译它出来，可是《域外小说集》第二册以后不能出版，所以这译稿也只有那第一卷。英译原书前年借给了康嗣群君，由他译成中文，沿用原书名字曰《圣彼得的伞》，在上海出版了。这是很可喜的一件事，如今旧译稿第一卷又于无意中发见，不但是《域外小说集》有关的唯一的资料，而且还可以看出鲁迅亲笔的绵密修改的痕迹，更是可以珍重了。原稿寄给上海的唐弢先生，由他转交鲁迅纪念馆，读者当可以看得到吧。

鲁迅与《闰土》

鲁迅对于故乡农民是颇有情分的，如小说《故乡》里写“闰土”时可见。“闰土”虽是一个典型人物，但所取材，不少来自一个真实的“闰土”。

鲁迅与闰土相识，并不是偶然的。鲁迅是破落大家出身，因为原是大家，旧称读书的“士大夫”，即是知识分子，在地位上与农工大众有若干距离，但是又因为是破落了，这又使得他们有接近的可能。而且这里还有一个特殊的情况，乡下许多村庄，都是聚族而居的，有如李家庄，全村都是姓李的本家，鲁迅的外婆家所在名叫“安桥头”，可是居民大都是姓鲁的。地主仍然要作威福，但一面于贫富之外还保存着辈分尊卑的区分，尽管身分是雇工，主人方面可是仍要叫他“太公”或是“公公”。鲁迅在外婆家习见这种情形，自己家里又有一种传统的习惯，女人、小孩对于雇工在称呼上表示客气，例如“闰土”的父亲名叫章福庆，照例叫他作“庆叔”。这一件是由于祖母蒋老太太的示范，别一方面祖父介孚公虽是翰林出身，做过知县，平时爱骂人，直从昏太后（西太后）呆皇帝（光绪）骂起，绝不留情，可是对做工的人却是相当客气。鲁迅在这样空气中长大，这就使得他可以和做工亲属相处，何况“闰土”本来又是小时候的朋友呢。

“闰土”的父亲章福庆是杜浦村的人，那地方是海边沙地，平常只种杂粮，夏天则种西瓜等物。他本身是一个竹工，一面种着地，分一份时间给人家帮忙，在鲁迅家里已经很久了。被鲁迅当作模特儿的“闰土”是他的独子，小名阿水，学名加了一个“运”字上去。浙东运闰二字读音相同，鲁迅小说中便借用了，水则改为同是五行中的一个土字，这便成了“闰土”。这个叫阿水的“闰土”大约比鲁迅要大两三岁，他们初次相见是在前清癸巳（一八九三）年正月，因为曾祖母去世，家中叫“闰土”来帮忙，看守祭器，那时他大概是十五六岁，是一个质朴老实的少年。那时候他给鲁迅讲捕鸟的法子，讲沙地里动物和植物的生活，什么角麂、跳鱼，种种奇异的景物，这在城里人听去，觉得沙地真是异境，非常的美丽。他这时给予鲁迅的第一个印象一直没有磨灭，比别的印象都深。这以后他们见面，至少有记录可考的，乃是庚子（一九〇〇）年的正月，查我的旧日记上记有这样两项：

初六日，晴。下午同大哥及章水登应天塔，至第四级，罡风拂面，凛乎其不可留，遂回。

初七日，晴。下午至江桥，章水往陶二峯处测字，予同大哥往观之，皆谰语可发噱。

所谓“谰语”至今还是清楚记得，测字人厉声的说，有什么“混沌乾坤，阴阳搭戤，勿可着鬼介来亨著”。末一句用国语意译或可云“别那么活见鬼”，似很严厉的训斥语。当时觉得测字人对顾客这种口气很是可笑，“闰土”听了却并不生气，只是垂头丧气地走了出来。事隔多年之后这才知道，那时他正在搞恋爱，虽然他已有了妻子，却同村里的一个寡妇要好，结果似乎终于成功，但是同妻子离婚，花了不少的钱，经济大受影响。这是“庆叔”在晚年才对鲁迅的母亲说出来的。那些谰语，鲁迅一直记着，“着鬼介来亨著”一语还常引用，但是那垂头丧气的印象似已逐渐忘记了。

到了一九一九年冬末，鲁迅因为搬家北上，回到绍兴去，又会见了“闰土”，他发见了这二十几年的光阴带来了多少的变化！天灾、人祸、剥削、欺凌，使得当年教鲁迅捕鸟、讲海边故事的少年，一变而为衰老、阴沉、麻木、卑屈的人，虽然质朴诚实还是仍旧，这怎能使得《故乡》的作者不感到悲哀呢？那时候我不曾在场，但这情形细细写在那篇小说上，使我也一同感到他的悲哀。《故乡》作于一九二一年，发表在五月号的《新青年》上。不过三十年，中国解放终于成功了。鲁迅与“闰土”未及亲见解放成功，虽是遗憾，但是现在“闰土”的孙子已经长成，在绍兴的鲁迅纪念馆服务，我觉得这事很有意思，这里值得报告一下的。

我希望在不远的期间能够往绍兴去走一趟，不但看看故乡在解放后的变化，还可以看看这位“闰土”的孙子，打听一下他们家里过去的情形，在馆里还可以见到一个老朋友，乃是鲁迅母亲时代就在家帮过多年忙的王鹤招，也是很愉快的事。我所觉得高兴的，不但是可以知道他们的近状，因为追怀往事，或者还能记起些遗忘的事情来，给我作回忆文的资料，这也还不至于是完全自私的愿望吧。

鲁迅在南京学堂

鲁迅与南京的关系相当不浅，虽然他在南京只是前后五个年头，比起留学日本的七年来，时间要少些。他于前清光绪戊戌（一八九八）年闰三月十一日从绍兴出发，经过杭州上海，于十七日到了南京。四月初五日写信给家里，说往江南水师学堂考试，作论文一篇，题为《武有七德论》，考取为试习生，将来有缺可补二班。他所进的是水师的管轮班，即是后来所谓轮机科，但是他在那里只留了半年，于十月中回到家里，那时他因为学堂里太是“乌烟瘴气”，已经退了学了。到了十一月二十四日又动身往南京去，改入江南陆师学堂附设的矿路学堂，十二月十七日家信附寄功课单一纸回来，可以证明已经考进学校了。至辛丑（一九〇一）年十二月初八日起毕业大考，壬寅（一九〇二）年正月决定派赴日本留学，二月十五日乃离南京赴上海，转往东京去了。

那时前清政府还是用科举取士，考试八股文和试帖诗，知识分子想求“上进”，只有走这一条道，才算是正路，此外如无钱捐官，只好去学幕，做“师爷”去了。学校还全然没有，不过顺了办“江南制造局”的潮流，在南京杭州等处办了几个特殊的“书院”，教授格致等所谓西学，不过还是需要膳费，穷人没法进去，只有关于军事的，因为中国一直说“好男不当兵”，投考的人很少，所以特别不收膳费，而且每月还给津贴，这种机关当然不能称为书院，所以改称“学堂”。鲁迅前后所进的便正是这种学堂，他之所以进去也并不是因为志愿当海陆军人，实在只为的可以免费读书罢了。水师既然是乌烟瘴气，结果只好改考陆师，恰巧其时开办矿路学堂，附设在陆师学堂里面，鲁迅便往那里去报考，论性质本与“格致书院”近似，大概因为附在陆师的缘故吧，名称也就不叫书院而称学堂了。

水师陆师两个学堂都在南京的城北，水师距旧时的仪凤门不远，它有很高的机器厂的烟囱和桅竿，在近地便可望见，从城外进来是在马路的右手。沿着马路前去，前面一处名叫三牌楼，便是陆师学堂所在地，但是从水师往陆师去，中间还有一条便道，要近得不少，只是不能通车而已。水师陆师都是军事学校，校长称为总办，照例是候补道充任，水师既是乌烟瘴气，论理陆师也该相差不远。可是不知怎的，陆师总办比较要好得多，鲁迅在校的后两年，总办俞恪士（名明震）乃是候补道里很开通的人，后来鲁迅对他一直很有敬意，在日记中说及称为“俞师”。现在事隔五十馀年，陆师遗址几乎无从查考，水师在国民政府时代闻曾作为海军部官署，恐怕原状也已什不存一了吧。

鲁迅在南京这四年的修业，对于他的影响的确不算小。关于文史方面的学问，这一部分的底子他是在家里的时代所打下的，但是一般的科学知识，则是完全从功课上学习了来，特别是关于进化论的学说，虽然严幾道的《天演论》原是赫胥黎一篇论文译本，原名《进化与伦理》，不是通论。星期假日，学生常游之地多是下关码头（吃茶在江天阁），鼓楼，台城，夫子庙（吃点心在得月台），后湖便难得去了。鲁迅和几个同学可能受了陆师的影响，却喜欢骑马，有一回他从马上摔了下来，碰断了一个门牙。他们又常跑马到明故宫一带去。那时明故宫是满洲人驻防兵的驻所，虽然在太平天国之后，气焰已经下去了不少，但是还存在很大的歧视，至少汉人骑马到那里去是很不平安，要遇着叫骂投石的。鲁迅他们冒了这个危险去访问明故宫，一部分也由于少年血气之勇，但大部分则出于民族思想，与革命精神的养成是很有关系的。我于辛丑八月初到南京，旋考进江南水师学堂，至壬寅二月鲁迅即往日本去，所以我直接知道的事情实在只有这大半年而已。从当年旧日记里引用一节，作为一例。

> 十二月二十四日，晴冷。午饭后步行至陆师学堂，道路泥泞，下足为难。同大哥谈少顷，即偕至鼓楼一游，张协和君同去，啜茗一盏而返。予循大路回堂，已四下钟矣。晚大哥忽至，携来赫胥黎《天演论》一本，译笔甚好。夜同阅《苏报》等，至十二下钟始睡。

这里值得说明的，便是张协和这人。鲁迅在学堂的时候，我去访问，在宿舍内见到同住的人，乃是芮石臣（原名芮体乾，毕业后改姓名为顾琅），与张协和（名邦华）。后来派往日本留学，在这三人外加了伍仲文（名崇学），本来是“前五名”，又一个人则如鲁迅在《朝花夕拾》中所说，因为祖母哭得死去活来，所以只好中止了。这位张君与鲁迅同班同房间，日本弘文学院同学，浙江两级师范同事，又是教育部同事，直到鲁迅离开北京一直有着交往。张君后来在南京教育部任职，到解放前国民党政府逃往台湾，他这才离开，回到北京，仍旧住在他的旧址：西城松鹤庵二十六号。他的年纪同鲁迅差不多，前年走来看我，还很是康健。现在知道鲁迅在南京时代的事情的人，住在北京的，大概只有我们两人了吧。我就是不敢去烦扰他，他所知道的鲁迅在学堂的情况，一定要比我多得多了。

鲁迅的笑

鲁迅去世已满二十年了，一直受到人民的景仰，为他发表的文章不可计算，绘画雕像就照相所见，也已不少。这些固然是极好的纪念，但是据个人的感想来说，还有一个角落，似乎表现得不够充分，这便不能显出鲁迅的全部面貌来。这好比是个盾，它有着两面，虽然很有点不同，可是互相为用，不可偏废的。鲁迅最是一个敌我分明的人，他对于敌人丝毫不留情，如果是要咬人的叭儿狗，就是落了水，他也还是不客气的要打。他的文学工作差不多一直是战斗，自小说以至一切杂文，所以他在这些上面表现出来的，全是他的战斗的愤怒相，有如佛教上所显现的降魔的佛像，形象是严厉可畏的。但是他对于友人另有一副和善的面貌，正如盾的向里的一面，这与向外的蒙着犀兕皮的大不相同，可能是为了便于使用，贴上一层古代天鹅绒的里子的。他的战斗是有目的的，这并非单纯的为杀敌而杀敌，实在乃是为了要救护亲人，援助友人，所以那么的奋斗，变相降魔的佛回过头来对众生的时候，原是一副十分和气的金面。鲁迅为了摧毁反革命势力——降魔——而战斗，这伟大的工作，和相随而来的愤怒相，我们应该尊重，但是同时也不可忘记他的别一方面，对于友人特别是青年和儿童那和善的笑容。

我曾见过些鲁迅的画像，大都是严肃有馀而和蔼不足。可能是鲁迅的照相大多数由于摄影时的矜持，显得紧张一点，第二点则是画家不曾和他亲近过，凭了他的文字的印象，得到的是战斗的气氛为多，这也可以说是难怪的事。偶然画一张轩眉怒目，正要动手写反击“正人君子”的文章时的像，那也是好的，但如果多是紧张严肃的这一类的画像，便未免有单面之嫌了。大凡与他生前相识的友人，在学校里听过讲的学生，和他共同工作，做过文艺运动的人，我想都会体会到他的和善的一面，多少有过些经验。有一位北京大学听讲小说史的人，曾记述过这么一回事情。鲁迅讲小说到了《红楼梦》，大概引用了一节关于林黛玉的本文，便问大家爱林黛玉不爱？大家回答，大抵都说是爱的吧，学生中间忽然有人询问，周先生爱不爱林黛玉？鲁迅答说，我不爱。学生又问，为什么不爱？鲁迅道，因为她老是哭哭啼啼。那时他一定回答得很郑重，可是我们猜想在他嘴边一定有一点笑影，给予大家很大的亲和之感。他的文章上也多有滑稽讽刺成分，这落在敌人身上，是一种鞭打，但在友人方面看去，却能引起若干快感。我们不想强调这一方面，只是说明也不可以忽略罢了。本来这两者的成分也并不是平均的，平常表现出来还是严肃这一面为多。我对于美术全是门外汉，只觉得在鲁迅生前，陶元庆给他画过一张像，觉得很不差，鲁迅自己当时也很满意，仿佛是适中的表现出了鲁迅的精神。

回忆伯父鲁迅（附）

周静子

回忆幼年时代的往事，不，尤其回忆我幼年时代那短短几年与伯父的同居生活，的确是件快乐的事。我要在这回忆中重新回到那快乐的往事中去，再一次与伯父会见。但是写文章对我来说是件难事，因为自己对于写东西是非常生疏的，再加上自己的健忘，写出来就不会像样子，不过为了纪念伯父逝世二十周年，我就边想边写吧。

我家和伯父在北京同居的时候，我年纪很小，等到懂事了，伯父又搬走了，之后他又久住上海，所以见面也就更难了。

在同住的那时候，我们是很快乐很热闹的大家庭，兄弟姊妹很多（那时伯父没有小孩），家里便买了一对白兔（见鲁迅小说《兔和猫》），供我们玩，当然这是我们所欢迎的。大兔生了小兔，更使我们欢喜，然而却也给我们带来了不幸。小兔一个一个的被猫吃了，引起了我们的激愤，婶母用短棒支着大木盆来捉猫，伯父见了猫也去打，因为伯父对于强者欺弱者，“折磨弱者”总是仇恨的。他在《朝花夕拾》第一篇《狗猫鼠》中说：“说起我仇猫的原因来，自己觉得是理由充足，而且光明正大的。一，它的性情就和别的猛兽不同，凡捕食雀鼠，总不肯一口咬死，定要尽情玩弄，放走，又捉住，……颇与人们的幸灾乐祸，慢慢地折磨弱者的坏脾气相同。二，它不是和狮子同族的么？可是有这么一副媚态！”我们因而也恨上了猫，到如今我见了猫还很讨厌！

在我的记忆里，伯父工作是很紧张的，白天很少见他，不是到教育部上班，到各大学上课或外出，便是在屋里写文章，差不多每到晚上我们都上床睡觉了，伯父才到我们屋来找父亲谈话。

伯父是很尊敬劳动人民的，记得那时家里用着一位工友名叫齐坤，伯父便不许我们小孩子叫他齐坤，要叫他齐爷。当时在我小小心灵中就觉着很不自然，心想着“齐坤又不是我们的爷爷，为什么要叫他齐爷”？就跑到伯父跟前去问，伯父便拉着我的手说道：“你不知道小孩要尊敬大人么？齐坤比你们年长一辈，那么就该尊敬称呼他为齐爷，明白了么？”我说：“啊，明白了！”说完便蹦跳着玩去了。

顺便我再谈一下伯父的一位俄国朋友盲诗人爱罗先珂的事情。他曾在我家住过一个时期，他会说很流利的日本语，时常听到他弹琴（小俄罗斯的琵琶）和他的歌声。他虽然双目失明，但是对于一切都很乐观，他很爱游玩，到公园、动物园或庙会（例如护国寺十天两次的市集）去逛，兴致很高。他很喜欢小孩，但是我们见了他就躲避，因为他有很大的力气，他可以把小孩抱到怀里，用他的手叉过来到肚上，再架起来。伯父见了总要问我们："不很好受吧？"大概伯父看出孩子脸上的表情是不大舒服的。好玩虽是好玩，不过架了之后肚子就觉着痛，所以远远见了他就躲起来，有时不提防被他抓着，那就活该倒霉了。

想起那时家里也实在热闹，人多而且还养着很多家畜，院子里有一个小池养着鱼，蝌蚪和鸭子。因为池边和地面是差不多高低，所以孩子也就容易掉到池子里去，一听到"扑通"的声音，爱罗先珂总是大声的问："又是哪一个孩子掉进池子里去啦？"他的问就引起大家的哄笑。其他可笑的有趣的事情还很多，已见他所作小说《鸭的喜剧》。

我从小就很不喜欢听大人们谈话，伯父和父亲的谈话根本就不听，再说也很难懂，对孩子说来是全然干燥无味的。

我记得伯父很不爱剃头。我曾经很好奇的问过他："大爹，大爹，为什么你老不剃头？"伯父把眉头一皱而后又笑了，说道："是的，大爹要留长头发，梳你们一样的小辫子呀！"的确伯父是很不好理发的，大概是工作太忙，专心学问的研究，不多想自己的生活吧。总之，在那时伯父给我的印象是，工作紧张，生活朴素，头发很长，态度和蔼。

我和我亲爱的伯父虽然相处不久，但是从他的言行和遗著里，我得到的教育确实不少。假如他今日仍然健在的话，能看到祖国这样一日千里的进步情况，将要怎样的快乐呀！能看到我生活在自由幸福的天地中，将要怎样的快乐呀！

（原载[1]《西北大学简报》）

【锺校】

① 原无"原载"二字，今增。

《阿Q正传》里的萝卜

我先后写关于鲁迅的事情的文章很是不少，有时心里不免感觉惶恐，生怕被人家说是写八股。但是我既然是立意报告事实的，那么这倒也还无大妨碍，因为八股与事实总是有点不同的。我所真心害怕，虽是同时也是专诚期望的，乃是有人出来，给我指出所报告的事实的错误，这于个人诚然不免不快，但于读者们是很有益处的。可是我等待了几年，一直碰不着这个运气，我心里不免有点悲哀，深感到自己是老了，能够知道我同时候的那些事情的人也几乎快要没有了。这是老人的普通的寂寞之感，我平常虽是不在乎，但究竟也难免有时候要感到的。

近日有一位朋友送我一本《呐喊分析》，乃是同乡许钦文先生的新著，在“阿Q正传”这一章里谈到“老萝卜”，对于我的话加以纠正。我看到了当初非常高兴，因为我所期望的事终于遇到了。许先生既是同乡，年纪比我大概也止差了十岁吧，对于绍兴这地方，清末这时代，他所知道的一定比我是只会多不会少的。可是结果他还是没有纠得对，我又不得不大为失望了。《阿Q正传》第五章上说阿Q爬进尼庵的园里去偷萝卜，我以为春尽夏初的时节，园地里的萝卜是不可能有的。我以为如照事实来讲，阿Q在静修庵不可能偷到萝卜，但是那么也将使阿Q下不来台，这里来小说化一下，变出几个老萝卜来，正是不得已的。许先生却有点了解错了，似乎觉得上文是说老萝卜一节是《阿Q正传》的“瑕疵”。

他所以加以纠正道：

> 首先我们要看清楚，这里萝卜上面还有一个“老”字。在江浙一带，这种时候，市场上的确很难见到萝卜了，但在菜地里可能有老萝卜。这有两种原因，一、留种的，二、自种自吃的人家，吃不完剩留在那里。只知道坐在房子里吃现成萝卜的人才以为这种时候不会有萝卜。而且对于文学作品有些细节的看法，是不应该太拘泥的。

这里“而且”这一段话，与我所说萝卜是不得已的小说化，并无多大差别，所以可以不必多说。关于“首先”那一段，我原来的话是这样的：

在阴历四五月中乡下照例是没有萝卜的。虽然园艺发达的地方春夏也有各色的萝卜，但那时代在乡间只有冬天的那一种，到了次年长叶抽薹，三月间开花，只好收萝卜子留种，根块由空心而变成没有了。

许先生的老萝卜无论是留种也罢，吃不完剩下也罢，反正留在地里，到了春天都要开花结实，这么一来，根部就空，不成其为萝卜了。我说没有是说萝卜的根块，若是上边的茎叶，那么总是存在的。我们吃现成萝卜人的话或者不尽可信，那么且看专门家怎么说吧。一九五二年出版的徐绍华的《蔬菜园艺学》第十八章，说萝卜采种云：

萝卜采种，不采收根部，任其在圃地越冬，至翌春开花结实，至荚变黄，乃刈下阴干而打落之。

又云：

冬萝卜若贮藏适当，可经数月之久。

可以知道萝卜如留在圃地，到了春天一定要开花结实，其根茎自然消失，这是“物理”，人力所无可如何的。如要保留它，那就要有适宜的贮藏方法，详细须得去请教内行人，但总之决不是去让它一直埋在地里，任其开花结实的。鲁迅在写小说，并不是讲园艺，萝卜有没有都是细节，不必拘泥，这一节我的意见与许先生并无什么不同，现在却只为了园艺的问题在这里吵架，倒也是好玩的事情。小时候虽然常在园里玩，拔生萝卜来吃，多少有过经验，看见过萝卜开花，知道不能再拔了来吃了，但究竟还不敢自信，从书本子上去请了园艺专家来做帮手，证明“翌春开花”的事实。但天下事尽多例外，如果在“江浙一带”，的确还有别的品种，上边开花结实，下边还有一块“老萝卜”，我为了增广知识，也是愿意知道的。不过话又说了回来，我所说过的事乃是以清末的绍兴为对象，别处的例固然足备参考，对于纠正事实也还有点不够了。

近日在《人民日报》（八月五至七日）见到了徐淦先生的《鲁迅先生和绍兴戏》，使我非常佩服，觉得是很出色的纪念文字。这于我也很有益处，因为它把阿 Q 所唱的“我手执钢鞭将你打”举了出处出来，这是我所说不清的，而且又将“只要昏君命一条”这一节话说得很清楚，和我所知道的文句完全一样，更增加我的喜悦了。它告诉我这是出于《龙虎斗》，而“抢姣姣，起祸留”，老丁（我们习惯读作老顶）的这一篇杰作则是出于《游园吊打》，引起我多少年前看“社戏”的愉快的记忆来了。我和京戏以至绍兴府下诸暨嵊县人的“徽班”，都没有什么情分，唯独对于这“文乱弹”的绍戏，至少对于有些戏文还有值得记忆的地方。因此对于作者提议，在纪念鲁迅的时节演出那几出戏，我是衷心表示赞成的。“高调班”虽是比较古，现在消灭了那是没有办法，“文乱弹”的绍戏还是存在，在这“百花齐放”的时代，让它有开花的机会，来比赛一下，那也是很好的事情吧。

附录一　关于《阿Q正传》

一　引言

一九二一年十二月北京《晨报》开始增加“副刊”，将原来的第五版改为单张，由孙伏园担任编辑。到了星期日那一天，又由蒲伯英主张，编得特别好玩一点，添设“开心话”一栏，请鲁迅帮忙来写稿。因为如他自己所说，“阿Q的影像，在我的心目中似乎确已有了好几年”了，所以他就动手来写他的《正传》，那第一回便署名巴人，在“开心话”这栏内出现了。但在第二次这又移在“新文艺”栏内，一直连登九回，至一九二二年二月十二日这才全部完结。在连续登着的时候，知识阶级一时轰动，有许多人以为某一段仿佛是骂他自己，有的也栗栗危惧，恐怕以后要骂到他的头上，并且因为不知道作者是谁，从“巴人”二字上着想，疑心是蒲伯英，因为他是四川人的缘故。可是鲁迅并没有长久隐瞒的意思，到了全文登了之后，说不清是什么时候了，总之在我开始登载《自己的园地》的中间，我便写一篇题云《阿Q正传》的文章，发表了出来。这大概是说《阿Q正传》很早的一篇文章，距今已是三十多年了，那时我正是乱谈文艺的时代，有些地方说得很不对，那是当然的事情，但当时经过鲁迅自己看过，大抵得到他的承认的。过了一年是一九二三年，鲁迅的小说十五篇合编一册，定名《呐喊》，决定由北大"新潮社"出版，其时该社名义上由我负责，所以《新潮社丛书》算是我编辑的，虽然事实上的编排原自归作者办理。可是创造社的成仿吾先生见了这书乃大加批评，说其中只有一篇《不周山》还好，又说这小说集是他兄弟所编，应该是很好的云云。鲁迅因此特地把《不周山》抽出，不留在里边，后来改名《补天》，作为《故事新编》的一篇。我的那篇文章本来也已收在文集里，作为《晨报社丛书》发行了，但为避嫌计也在第二版时抽了出来，不敢再印。现在为搜集鲁迅研究的资料，觉得不管文章写得错不错，也总是资料之一，心想抄存下来，可是很不容易得到了。《晨报》社初版本《自己的园地》我自己也已没有，我只知道这曾经收在阮无名编的《新文坛秘录》里，可是这书也很是难找。经朋友帮助，借给一册文载道的《文抄》，在一篇《关于阿Q》中间引有全文，现在得以照样抄了下来，这实在是很可欣幸的。

二 本文

我与《阿Q正传》的著者是相识的，要想客观的公平的批评这篇小说似乎不大容易，但是因为约略知道这著作的主旨，或者能够加上一点说明，帮助读者去了解它的真相，——无论好坏——也未可知。

《阿Q正传》是一篇讽刺小说。讽刺小说是理智的文学里的一支，是古典的写实的作品。他的主旨是“憎”，他的精神是负的。然而这憎并不变成厌世，负的也不尽是破坏。美国福勒忒（Follet）在《近代小说史论》中说：

> 关于政治宗教无论怎样的说也罢，在文学上这是一条公理：某种的破坏常常即是唯一可能的建设。讽刺在许多时代，如十八世纪的诗里，堕落到因袭的地位去了。……但真正的讽刺实在是理想主义的一种姿态，对于不可忍受的恶习之正义的愤怒的表示，对于在这混乱世界里因了邪曲腐败而起的各样侮辱损害之道德意识的自然的反应。

……其方法或者是破坏的，但其精神却还在这些之上。

因此在讽刺里的憎也可以说是爱的一种姿态。

摘发一种恶即是扶植相当的一种善；在心正烧得最热，反对明显的邪曲的时候，那时他就最近于融化在那哀怜与恐惧里了，——据亚里士多德说，这两者正是悲剧的有净化力量的情绪。即使讽刺是冷的，如平常变为反语的时候大抵如此，然而它仍能使我们为了比私利更大的缘故而憎，而且在嫌恶卑劣的事物里鼓励我们去要求高尚的事物。

所以讽刺小说虽然与理想小说表面相反，其精神却是一致，不过正负不同罢了；在技工上，因为类型描写的缘故，也有一种相似的夸张的倾向，虽不能说是好处，但也是不可免的事实。理想家与讽刺家都着眼于人生的善或恶的一方面，将同类的事物积累起来，放大起来，再把它复写在纸上，所以它的结果是一幅人生的善或恶的扩大图。作成人生的“实物大”的绘图，在善人里表出恶的馀烬，在恶人里表出善的微光，只有真正伟大的写实家才能做到，不是常人所能企及，不然这容易流入于感伤主义的小说，正如人家讲中和的容易变为调停派一样。所以不是因袭的讽刺文学也自有其独特的作用，而以在有如现代中国一般的昏迷的社会为尤甚。

《阿Q正传》里的讽刺在中国历代文学中最为少见，因为它多是反语，便是所谓冷的讽刺——“冷嘲”。中国近代小说只有《镜花缘》与《儒林外史》的一小部分略略有点相近，《官场现形记》和《二十年目睹之怪现状》等多是热骂，性质很不相同，虽然这些也是属于讽刺小说范围之内的。《阿Q正传》的笔法的来源，据我们所知是从外国短篇小说而来的，其中以俄国的果戈里与波兰的显克微支最为显著，日本的夏目漱石、森鸥外两人的著作也留下不少的影响。果戈里的《外套》和《狂人日记》，显克微支的《炭画》和《酋长》等，森鸥外的《沉默之塔》，都已经译成汉文，只就这几篇参看起来也可以得到多少痕迹；夏目漱石的影响则在他的充满反语的杰作小说《我是猫》。但是国民性实是奇妙的东西，这篇小说里收纳这许多外国的分子，但其结果是，对于斯拉夫民族有了他的大陆的迫压的气分而没有那“笑中的泪”，对于日本有了他的东方的奇异的花样而没有那“俳味”。

这一句话我相信可以当作他的褒词，但一面就当作他的贬词去看也未始不可。多理性而少情热，多憎而少爱，这个结果便造成了“山灵的讽刺”（Satyric satire），在这一点上却与“英国狂生”斯威夫德有点相近。这个倾向在《狂人日记》里，——我在这里不得不顺便声明，著者巴人与鲁迅本来是一个人，——也很明显，不过现在更为浓密罢了。这样的冷空气或者于许多人的蔷薇色的心上给予一种不愉快的感触，但我的私见以为也是不可少的，至少在中国现代的社会里。

阿Q这人是中国一切的“谱”的结晶，没有自己的意志而以社会的因袭的惯例为其意志的人，所以在现社会里是不存在而又到处存在的。沈雁冰先生在《小说月报》上说：“阿Q这人要在社会中去实指出来，是办不到的；但是我读这篇小说的时候，总觉得阿Q这人很是面熟，是呵，他是中国人品性的结晶呀！”这话说得很对。果戈里的小说《死魂灵》里的主人公契契珂夫也是如此，我们不能寻到一个旅行收买死农奴的契契珂夫，但在种种投机的实业家中间可以见到契契珂夫的影子，如克鲁泡金所说。不过其间有这一个差别：契契珂夫是一个“不朽的国际的类型”，阿Q却是一个民族的类型。他像希腊神话里的“众赐”（Pandora）一样，承受了恶梦似的四千年来的经验所造成的一切“谱”上的规则，包括对于生命幸福名誉道德的意见，提炼精粹，凝为固体，所以实在是一幅中国人坏品性的“混合照相”，其中写中国人的缺乏求生意志，不尊重生命，尤为痛切，因为我相信这是中国的最大的病根。总之这篇小说的艺术无论如何幼稚，但著者肯那样老实不客气的表示他的憎恶，一方面对于中国社会也不失为一服苦药，我想它的存在也不是无意义的。只是著者本意似乎想把阿Q好好的骂一顿，做到临了却使人觉得在未庄里阿Q还是唯一可爱的人物，比别人还要正直些，所以终于被“正法”了；正如托尔斯泰批评契诃夫的小说《可爱的人》时所说，他想撞倒阿Q，将注意力集中于他，却反将他扶了起来了，这或者可以说是著者失败的地方。至于或者以为讽刺过分，“有伤真实”，我并不觉得如此，因为世上往往“事实奇于小说”，就是在我灰色的故乡里，我也亲见到这一类脚色的活模型，其中还有一个缩小的真的可爱的阿桂，虽然他至今还是健在。

附录二　关于鲁迅

《阿Q正传》发表以后，我写过一篇小文章，略加以说明，登在那时的《晨报副刊》上。后来《阿Q正传》与《狂人日记》等一并编成一册，即是《呐喊》，出在北大《新潮社丛书》里，其时傅孟真、罗志希诸人均已出国留学去了，《新潮》交给我编辑，这丛书的编辑也就用了我的名义。出版以后，大被成仿吾所奚落，说这本小说既然是他兄弟编的，一定好得了不得。——原文已不记得，大意总是如此。于是我恍然大悟，原来关于此书的编辑，我是应当回避的。这是我所得的第一个教训。于是我就不敢再过问，就是那一篇小文章也不收到文集里去，以免为批评家所援引，多生些小是非。这回鲁迅在上海去世了，“宇宙风社”写信来，叫我写点关于鲁迅怎么做学问的文章，作为纪念。我想关于这方面，在这时候来说几句话，似乎可以不成问题，而且未必是无意义的事，因为鲁迅的学问与艺术的来源有些都非外人所能知，今本人已没，舍弟那时年幼亦未闻知，我所知道已成为海内孤本，深信值得录存，事虽细微而不虚诞，世之识者当有取焉。这里所说限于有他个人独到之见独创之才的少数事业，若其他言行已有人说过者概置不论，不但仍以避免论争，盖亦本非上述趣意中所摄者也。

鲁迅本名周樟寿，生于清光绪辛巳（一八八一）年八月初三日。祖父介孚公在北京做京官，得家书报告生孙，其时适有姓张的官客来访，因为命名曰张，或以为与灶君同生日，故借灶君之姓为名，盖非也。书名定为樟寿，虽然清道房同派下群从谱名原为寿某，介孚公或忘记或置不理均不可知，乃以寿字属下，又定字曰豫山，后以读音与雨伞相近，请于祖父改为豫才。戊戌（一八九八）年春间往南京考学堂，始改名树人，字如故，义亦可相通也。留学东京时，刘申叔为河南同乡办杂志曰《河南》，孙竹丹来为拉稿，豫才为写几篇论文，署名一曰迅行，一曰令飞，至民七在《新青年》上发表《狂人日记》，于迅字上冠鲁姓，遂成今名。写随感录及诗署名唐俟，系俟堂二字的倒置，唐者“功不唐捐”之唐，意云空等候也，《阿 Q 正传》特署巴人，意盖取诸“下里巴人”，别无深意。

鲁迅在学问艺术上的工作可以分为两部，甲为搜集辑录校勘研究，乙为创作。今略举于下：

甲部

一、《会稽郡故书杂集》。

二、谢承《后汉书》（未刊）。

三、《古小说钩沉》。

四、《小说旧闻钞》。

五、《唐宋传奇集》。

六、《中国小说史略》。

七、《嵇康集》。

八、《岭表录异》（未刊）。

九、汉画石刻（未完成）。

乙部

一、小说：《呐喊》《彷徨》《故事新编》。

二、散文：《朝华夕拾》《野草》等。

这些工作的成就有大小，但无不有其独得之处，而其起因亦往往很是久远，其治学与创作的态度与别人颇多不同，我以为这是最可注意的事。豫才从小就喜欢书画，——这并不是书家画师的墨宝，乃是普通的一册一册的线装书与画本。最初买不起书，只好借了绣像小说来看。光绪癸巳（一八九三）年祖父因事下狱，一家分散，我和豫才被寄存在大舅父家里，住在皇甫庄，是范啸风的隔壁，后来搬往小皋步，即秦秋伊的娱园的厢房。这大约还是在皇甫庄的时候，豫才向表兄借来一册《荡寇志》的绣像，买了些叫作明公纸的毛太纸来，一张张的影描，订成一大本，随后仿佛记得以一二百文钱的代价卖给书房里的同窗了。回家以后还影写了好些画谱，还记得有一次在堂前廊下影描马镜江的《诗中画》，或是王冶梅的《三十六赏心乐事》，描了一半暂时他往，祖母看了好玩，就去画了几笔，却画坏了，豫才扯去另画，祖母有点怅然。后来压岁钱等略有积蓄，于是开始买书，不再借抄了。顶早买到的大约是两册石印本日本冈元凤所著的《毛诗品物图考》，这书最初也是在皇甫庄见到，非常歆羡，在大街的书店买来一部，偶然有点纸破或墨污，总不能满意，便拿去掉换，至再至三，直到伙计烦厌了，戏弄说，这比姊姊的面孔还白呢，何必掉换，乃愤然出来，不再去买书。这书店大约不是墨润堂，却是邻近的奎照楼吧。这回换来的书好像又有什么毛病，记得还减价以一角小洋卖给同学，再贴补一角去另买了一部。画谱方面那时的石印本大抵陆续都买了，《芥子园画传》四集自不必说，可是却也不曾自己学了画。此外陈淏子的《花镜》恐怕是买来的第一部非花书（非画谱的书），是用了二百文钱从一个同窗的本家（似是堂兄寿颐）那里得来的。家中原有两箱藏书，却多是经史及举业用的正经书，也有些小说如《聊斋志异》《夜谈随录》，以至《三国演义》《绿野仙踪》《天雨花》《白蛇传》（似名“义妖传”）等，其馀想看的须得自己来买添了。我记得这里边有《酉阳杂俎》（木版）、《容斋随笔》（石印）、《辍耕录》（木版）、《池北偶谈》（石印）、《六朝事迹编类》（木版）、《二酉堂丛书》（木版）、《金石存》（石印）、《徐霞客游记》（铅印）等书。新年出城拜岁，来回总要一整天，船中枯坐无聊，只好看书消遣，那时放在“帽盒”中带去的大抵是《游记》或《金石存》，后者原刻石印本，很是精致，前者乃是图书集成局的扁体字的。《唐代丛书》买不起，托人去转借来看过一遍，我很佩服那里一篇于义方的《黑心符》，抄了李德裕的《平泉草木记》，侯宁极的《药谱》，豫才则抄了陆羽的三卷《茶经》和陆龟蒙的《五木经》。好容易凑了两块钱，买来一部小丛书，共二十四册，现在头本已缺无可查考，但据每册上特请一位族叔题的字，或者名为“艺苑捃华”吧，当时很是珍重，说来也可怜，这原来乃是书贾从《龙威秘书》等书中随意抽取，杂凑而成的一碗“拼拢坳羹”（方言谓剩馀肴馔并在一起）而已。这些事情都很琐屑，可是影响却很不小，它就“奠定”了他半生学问事业的倾向，在趣味上直到晚年也还留下好些明了的痕迹。

戊戌春豫才往南京，由水师改入陆师附设的矿路学堂，至辛丑冬毕业派往日本留学，此三四年中专习科学，对于旧籍不甚注意，但所作随笔以及诗文盖亦不少，在我的旧日记中略有录存。如戊戌年所作《戛剑生杂记》四则云：

> 行人于斜日将堕之时，暝色逼人，四顾满目非故乡之人，细聆满耳皆异乡之语，一念及家乡万里，老亲弱弟必时时相语，谓今当至某处矣，此时真觉柔肠欲断，涕不可仰。故予有句云，日暮客愁集，烟深人语喧。皆所身历，非托诸空言也。
>
> ×
>
> 生鲈鱼与新粳米炊熟，鱼须斫小方块，去骨，加秋油，谓之鲈鱼饭。味甚鲜美，名极雅饬，可入林洪《山家清供》。
>
> ×
>
> 夷人呼茶为梯，闽语也。闽人始贩茶至夷，故夷人效其语也。
>
> ×

试烧酒法，以缸一只猛注酒于中，视其上面浮花，顷刻迸散净尽者为活酒，味佳，花浮水面不动者为死酒，味减。

又《莳花杂志》二则云：

晚香玉本名土馝螺斯，出塞外，叶阔似吉祥草，花生穗间，每穗四五球，每球四五朵，色白，至夜尤香，形如喇叭，长寸馀，瓣五六七不等，都中最盛。昔圣祖仁皇帝因其名俗，改赐今名。

×

里低母斯，苔类也，取其汁为水，可染蓝色纸，遇酸水则变为红，遇碱水又复为蓝。其色变换不定，西人每以之试验化学。

诗则有庚子年作《莲蓬人》七律，《庚子送灶即事》五绝，各一首，又庚子除夕所作《祭书神文》一首，今不具录。辛丑东游后曾寄数诗，均分别录入旧日记中，大约可有十首，此刻也不及查阅了。（案上文所说诗文，现已均收入《鲁迅全集补遗》中了。）

在东京的这几年是鲁迅翻译及写作小说的修养时期，详细须得另说，这里为免得文章线索凌乱，姑且从略。鲁迅于庚戌（一九一〇）年归国，在杭州两级师范绍兴府学堂及师范等校教课或办事，民元以后任教育部佥事，至十四年（一九二五）去职，这是他的工作中心时期，其间又可分为两个段落，以《新青年》为界。上期重在辑录研究，下期重在创作，可是精神还是一贯，用旧话来说可云不求闻达。鲁迅向来勤苦作事，为他人所不能及，在南京学堂的时候手抄汉译赖耶尔的《地学浅说》（即是《地质学大纲》）两大册，图解精密，其他教本称是，但是因为对于那些我不感到兴趣，所以都忘记是什么书了。归国后他就又开始抄书，在这几年中不知共有若干种，只是记得的就有《穆天子传》《南方草木状》《岭表录异》《北户录》《桂海虞衡志》，程瑶田的《释虫小记》，郝懿行的《燕子春秋》《蜂衙小记》与《记海错》，还有从《说郛》抄出的多种。其次是辑书。清代辑录古逸书的很不少，鲁迅所最受影响的还是张介侯的《二酉堂丛书》吧，如《凉州记》，段颎阴铿的集，都是乡邦文献的辑集。（老实说，我很喜欢张君所刊书，不但是因为辑古逸书收存乡邦文献，刻书字体也很可喜，近求得其所刻《蜀典》，书并不珍贵，却是我所深爱。）他一面翻古书抄唐以前小说逸文，一面又抄唐以前的越中史地书。这方面的成绩第一是一部《会稽郡故事杂集》，其中有谢承《会稽先贤传》，虞预《会稽典录》，钟离岫《会稽后贤传记》，贺氏

《会稽先贤像赞》，朱育《会稽土地记》，贺循《会稽记》，孔灵符《会稽记》，夏侯曾先《会稽地志》，凡八种，各有小引，卷首有叙，题曰太岁在阏逢摄提格（一九一四年甲寅）九月既望记，乙卯二月刊成，木刻一册。叙中有云：

> 幼时尝见武威张澍所辑书，于凉土文献撰集甚众，笃恭乡里，尚此之谓，而会稽故籍零落，至今未闻后贤为之纲纪，乃创就所见书传刺取遗篇，累为一帙。

又云：

> 书中贤俊之名，言行之迹，风土之美，多有方志所遗，舍此更不可见，用遗邦人，庶几供其景行，不忘于故。

这里辑书的缘起与意思都说得很清楚，但是另外有一点值得注意的，叙文署名“会稽周作人记”，向来算是我的撰述，这是什么缘故呢？查书的时候我也曾帮过一点忙，不过这原是豫才的发意，其一切编排考订，写小引叙文，都是他所做的，起草以至誊清大约有三四遍，也全是自己抄写，到了付刊时却不愿出名，说写你的名字吧，这样便照办了，一直拖了二十馀年。现在觉得应该说明了，因为这一件小事我以为很有点意义。这就是证明他做事全不为名誉，只是由于自己的爱好。这是求学问弄艺术的最高的态度，认得鲁迅的人平常所不大能够知道的。

其所辑录的古小说逸文也已完成，定名为《古小说钩沉》，当初也想用我的名字刊行，可是没有刻版的资财，托书店出版也不成功，至今还是搁着。此外又有一部谢承《后汉书》，因为谢伟平是山阴人的缘故，特为辑集，可惜分量太多，所以未能与《故书杂集》同时刊版，这从笃恭乡里的见地说来也是一件遗憾的事。豫才因为古小说逸文的搜集，后来能够有《小说史略》的著作，说起缘由来很有意思。豫才对于古小说虽然已有十几年的用力（其动机当然还在小时候所读的书里），但因为不求名声，不喜夸示，平常很少有人知道。那时我在北京大学中国文学系做“票友”，马幼渔君正做主任，有一年叫我讲两小时的小说史，我冒失的答应了回来，同豫才说起，或者由他去教更为适宜，他说去试试也好，于是我去找马君换了别的什么功课，请豫才教小说史，后来把讲义印了出来，即是那一部书。其后研究小说史的渐多，各有收获，有后来居上之概，但那些成绩似只在后半部，即明以来的章回小说部分，若是唐宋以前古逸小说的稽考恐怕还没有更详尽的著作，这与《古小说钩沉》的工作正是极有关系的。对于画的爱好使他后来喜欢外国的板画，编选北京的诗笺，为世人所称，但是他半生精力所聚的汉石刻画像终于未能编印出来，或者也还没有编好吧。

末了我们略谈鲁迅创作方面的情形。他写小说其实并不始于《狂人日记》，辛亥（一九一一）年冬天在家里的时候曾经用古文写过一篇，以东邻的富翁为模型，写革命前夜的情形，性质不明的革命军将要进城，富翁与清客闲汉商议迎降，颇富于讽刺的色彩。这篇文章未有题名，过了两三年由我加了一个题目与署名，寄给《小说月报》，那时还是小册，系恽铁樵编辑，承其复信大加赏识，登在卷首，可是这年月与题名都完全忘记了，要查民初的几册旧日记才可知道。

【附记】 后来有人查出，这小说登在《小说月报》上题曰《怀旧》，署名“周逴”，末尾有编者“焦木附志”的话：“实处可致力，空处不能致力，然初步不误，灵机人所固有，非难事也。曾见青年才解握管，便讲词章，卒致满纸饾饤，无有是处，亟宜以此等文字药之。”

第二次写小说是众所共知的《新青年》时代，所用笔名是鲁迅，在《晨报副刊》上为孙伏园每星期日写《阿Q正传》则又署名巴人，所作随感录大抵署名唐俟，我也有几篇是用这个署名的，都登在《新青年》上，后来这些随感编入《热风》，我的几篇也收入在内，特别是三十七八、四十二三皆是。整本的书籍署名彼此都不在乎，难道二三小文章上头要来争名么？这当然不是的了。——当时世间颇疑巴人是蒲伯英，教育部中有时议论纷纭，毁誉不一，鲁迅就在旁边，茫然相对，是很有滑稽意味的事。他为什么这样做的呢？并不如别人所说，因为言论激烈所以匿名，实在只如上文所说不求闻达，但求自由的想或写，不要学者文人的名，自然更不为利，《新青年》是无报酬的，《晨报副刊》多不过千字五角钱罢了。以这种态度治学问或做创作，这才能够有独到之见，独创之才，有自己的成就，不问工作大小都有价值，与制艺异也。鲁迅写小说散文又有一特点，为别人所不能及者，即对于中国民族的深刻的观察。豫才从小喜欢“杂览”，读野史最多，受影响亦最大，——譬如读过《曲洧旧闻》里的“因子巷”一则，谁会得再忘记，会不与《一个小人物的忏悔》上所记的事情同样的留下很深的印象呢？在书本里得来的知识上面，又加上亲自从社会里得来的经验，结果便看见一个充满苦痛与黑暗的人生，让它通过艺术发现出来，就是那些作品。从这一点说来，《阿 Q 正传》正是他的代表作，但其被人家所骂也正是应该的。这是寄悲愤于滑稽，在从前那篇小文里我曾说用的是显克微支的手法，著者本人当时看了我的草稿也加以承认的，正如《炭画》一般，里边没有一点光与空气，到处是愚与恶，而这愚与恶又复厉害到可笑的程度。集中有些牧歌式的小说[①]都非佳作，《药》里稍露出一点的情热，这是对于死者的，而死者又已是做了“药”了，此外就再也没有东西可以寄托希望与感情。不被礼教吃了肉去，就难免被做成“药渣”，这是鲁迅对于世间的恐怖，在作品上常表现出来，事实上也是如此。讲到这里，我的话似乎可以停止了，因为我只想略讲鲁迅的学问艺术上的工作的始基，这有些事情是人家所不能知道的，至于其他问题能谈的人很多，还不如等他们来谈吧。

（廿五年十月廿四日，北平）

【锺校】

①“说”原作“话”。

附录三　关于鲁迅之二

我为《宇宙风》写了一篇关于鲁迅的学问的小文之后，便拟暂时不再写这类文章，所以有些北平天津东京的新闻杂志社的嘱托都一律谢绝了，因为我觉得多写有近乎投机，虽然我所有的资料都是些事实，并不是平常的应酬话。说是事实，似乎有价值却也没价值，因为这多是平淡无奇的，不是奇迹，不足以满足观众的欲望。一个人的平淡无奇的事实本是传记中的最好资料，但唯一的条件是要大家把他当做一个人去看待，不是当做“超人”。乃宇宙风社来信，叫我再写一篇，略说豫才在东京时代的文学的修养，算作前文的补遗，因为我在那里曾经提及，却没有叙述。这也成为一种理由，所以补写了这篇小文，姑且当作一点添头也罢。

豫才的求学时期可以分作三个段落，即自光绪戊戌（一八九八）至辛丑（一九〇一）在南京为前期，自辛丑至丙午（一九〇六）在东京及仙台为中期，自丙午至宣统己酉（一九〇九）又在东京为后期。这里我所要说的只是后期，因为如他的自述所说，从仙台回到东京以后，他才决定要弄文学。但是在这以前他也未尝不喜欢文学，不过只是赏玩而非攻究，且对于文学也还未脱去旧的观念。在南京的时候，豫才就注意严幾道的译书，自《天演论》以至《法意》，都陆续购读。其次是林琴南，自《茶花女遗事》出后，随出随买，我记得最后的一部是在东京神田的中国书林所买的《黑太子南征录》，一总大约有二三十种罢。其时“冷血”的文章正很时新，他所译述的《仙女缘》《白云塔》我至今还约略记得，又有一篇嚣俄（今改译雨果）的侦探谈似的短篇小说，叫作什么尤皮的，写得很有意思。苏曼殊又在《上海报》上译登《惨世界》，于是一时嚣俄成为我们的爱读书，找些英日文译本来看。末了是梁任公所编刊的《新小说》，《清议报》与《新民丛报》的确都读过也很受影响，但是《新小说》的影响总是只有更大不会更小。梁任公的《论小说与群治之关系》当初读了的确很有影响，虽然对于小说的性质与种类后来意见稍稍改变，大抵由科学或政治的小说渐转到更纯粹的文艺作品上去了。不过这只是不侧重文学之直接的教训作用，本意还没有什么变更，即仍主张以文学来感化社会，振兴民族精神，用后来的熟语来说，可说是属于为人生的艺术这一派的。丙午年春天豫才在仙台的医学专门学校退了学，回家去结婚，其时我在江南水师学堂，前一年的冬天到北京练兵处考取留学日本，在堂里闲住半年，这才决定被派去学习土木工程，秋初回家一转，同豫才到东京去。豫才再到东京的目的，他自己已经在《朝花夕拾》中一篇文章里说过，不必重述，简单的一句话，就是欲救中国须从文学始。他的第一步的运动是办杂志。那时留学生办的杂志并不少，但是没有一种是讲文学的，所以发心想要创办，名字定为《新生》，——这是否是借用但丁的，有点记不的确了，但多少总有关系。其时留学界的空气是偏重实用，什九学法政，其次是理工，对于文学都很轻视，《新生》的消息传出去时大家颇以为奇，有人开玩笑说，这不会是学台所取的进学新生（即新考取的秀才）么。又有客——仿佛记得是胡仁源——对豫才说，你弄文学做甚，这有什么用处？答云，学文科的人知道学理工也有用处，这便是好处。客乃默然。看这种情形，《新生》的不能办得好原是当然的。《新生》的撰述人共有几个，我不大记得，确实的人数里有一个许季茀（寿裳），听说还有袁文薮，但他往英国去后就没有消息了。结果这杂志没有能办成，我曾根据安特路朗的几种书写了半篇《日月星之神话》，稿今已散失，《新生》的原稿纸却还有好些存在。

办杂志不成功，第二步的计划是来译书。翻译比较通俗的书卖钱是别一件事，赔钱介绍文学又是一件事，这所说的自然是属于后者。结果经营了好久，总算印出了两册《域外小说集》。第一册有一篇序言，是豫才的手笔，说明宗旨云：

《域外小说集》为书，词致朴讷，不足方近世名人译本，特收录至审慎，移译亦期弗失文情。异域文术新宗，由此始入华土。使有士卓特，不为常俗所囿，必将犁然有当于心，按邦国时期，籀读其心声，以相度神思之所在。则此虽大海之微沤欤，而性解思惟，实寓于此。中国译界亦由是无迟莫之感矣。乙酉正月十五日。

过了十一个年头，上海群益书社愿意重印，加了一篇新序，用我出名，也是豫才所写的，头几节是叙述当初的情形的，可以抄在这里：

我们在日本留学的时候，有一种茫漠的希望，以为文艺可以转移性情，改造社会的。因为这意见，便自然而然的想到介绍外国新文学这一件事。但做这事业，一要学问，二要同志，三要工夫，四要资本，五要读者。第五样逆料不得，上四样在我们却几乎全无。于是又自然而然的只能小本经营，姑且尝试，这结果便是译印《域外小说集》。

当初的计画，是筹办了连印两册的资本，待到卖回本钱，再印第三第四，以至第多少册的。如此继续下去，积少成多，也可以约略介绍了各国名家的著作了。于是准备清楚，在一九〇九年二月印出第一册，到六月间又印出了第二册。寄售的地方，是上海和东京。

半年过去了，先在就近的东京寄售处结了账。计第一册卖去了二十一本，第二册是二十本，以后可再也没有人买了。那第一册何以多卖一本呢？就因为有一位极熟的友人，怕寄售处不遵定价，额外需索，所以亲去试验一回，果然划一不二，就放了心，第二本不再试验了。但由此看来，足见那二十位读者，是有出必看，没有一人中止的，我们至今很感谢。

至于上海，是至今还没有详细知道。听说也不过卖出了二十册上下，以后再没有人买了。于是第三册只好停版，已成的书便都堆在上海寄售处堆货的屋子里。过了四五年，这寄售处不幸失了火，我们的书和纸版都连同化成灰烬。我们这过去的梦幻似的无用的劳力，在中国也就完全消灭了。

这里可以附注几句。《域外小说集》第一册印了一千本，第二册只有五百本。印刷费是蒋抑卮（名鸿林）代付的，那时蒋君来东京医治耳疾，听见译书的计划甚为赞成，愿意帮忙，上海寄售处也即是他的一家绸缎庄。那个去试验买书的则是许季茀也。

《域外小说集》两册中共收英美法各一人一篇，俄四人七篇，波兰一人三篇，波希米一人二篇，芬兰一人一篇。从这上边可以看出一点特性来，那一是偏重斯拉夫系统，一是偏重被压迫民族也。其中有俄国的安特来夫作二篇，伽尔洵作一篇，系豫才根据德文本所译。那时日本翻译俄国文学的风气尚不发达，比较的绍介得早且亦稍多的要算屠介涅夫，我们也用心搜求他的作品，但只是珍重，别无翻译的意思。每月初各种杂志出版，我们便忙着寻找，如有一篇关于俄国文学的绍介或翻译，一定要去买来，把这篇拆出保存，至于波兰自然更好，不过除了显克微支的《你往何处去》《火与剑》之外不会有人讲到的，所以没有什么希望。此外再查英德文书目，设法购求古怪国度的作品，大抵以俄，波兰，捷克，塞尔比亚（今称南斯拉夫），保加利亚，芬兰，匈牙利，罗马尼亚，新希腊为主，其次是丹麦瑙威瑞典荷兰等，西班牙意大利便不大注意了。那时日本大谈“自然主义”，这也觉得是很有意思的事，但所买自然主义发源地的法国著作，大约也只是茀罗培耳，莫泊三，左拉诸大师的二三卷，与诗人波特莱耳，威耳伦的一二小册子而已。上边所说偏僻的作品英译很少，德译较多，又多收入“瑞克阑姆”等丛刊中，价廉易得，常开单托相模屋书店向丸善定购，书单一大张而算账起来没有多少钱，书店的不惮烦肯帮忙也是很可感的，相模屋主人小泽死于肺病，于今却已有廿年了。德文杂志中不少这种译文，可是价太贵又难得，只能于旧书摊上求之，也得了许多，其中有名叫什么 *Aus Fremden Zungen*（记不清楚是否如此）的一种，内容最好，曾有一篇评论荷兰作家蔼覃的文章，豫才的翻译《小约翰》的意思实在是起因于此的。

这许多作家中间，豫才所最喜欢的是安特来夫，或者这与爱李长吉有点关系罢，虽然也不能确说。此外有伽尔洵，其《四日》一篇已译登《域外小说集》中，又有《红笑》则与勒耳蒙托夫的《当代英雄》，契诃夫的《决斗》，均未及译，又甚喜科罗连珂，后来多年后只由我译其《玛加耳的梦》一篇而已。高尔基虽已有名，《母亲》也有各种译本了，但豫才不甚注意，他所最受影响的却是果戈里，《死魂灵》还居第二位，第一重要的还是短篇小说《狂人日记》《两个伊凡尼支打架》，以及喜剧《巡按》等。波兰作家最重要的是显克微支，《乐人扬珂》等三篇我都译出登在小说集内，其杰作《炭画》后亦译出，又《得胜的巴耳忒克》未译，至今以为憾事。用滑稽的笔法写阴惨的事迹，这是果戈里与显克微支二人得意的事，《阿Q正传》的成功其原因一部分亦在于此，此盖为但能热骂的人所不及知者也。捷克有纳路达，扶尔赫列支奇，亦为豫才所喜，又芬兰"乞食诗人"丕佛林多所作小说集亦所爱读不释者，均未翻译。匈牙利则有诗人裴多菲山陀耳，死于革命之战，豫才为《河南》杂志作《摩罗诗力说》，表章拜伦等人的"撒但派"诗文，而以裴多菲为之继，甚致赞美，其德译诗集一卷，又唯一的中篇小说曰《绞刑吏的绳索》，从旧书摊得来时已破旧，豫才甚珍重之。对于日本文学当时殊不注意，森鸥外，上田敏，长谷川二叶亭诸人，差不多只重其批评或译文，唯夏目漱石作俳谐小说《我是猫》有名，豫才俟各卷印本出即陆续买读，又曾热心读其每天在《朝日新闻》上所载的小说《虞美人草》，至于岛崎藤村等的作品则始终未曾过问，自然主义盛行时亦只取田山花袋的小说《棉被》一读，似不甚感兴味。豫才后日所作小说虽与漱石作风不似，但其嘲讽中轻妙的笔致实颇受漱石的影响，而其深刻沉重处乃自果戈里与显克微支来也。豫才于拉丁民族的艺术似无兴趣，德国则于海涅之外只取尼采一人，《札拉图斯忒拉如是说》一册常在案头，曾将序说一篇译出登杂志上，这大约是《新潮》吧，那已在“五四”以后了。

豫才在医学校的时候学的是德文，所以后来就专学德文，在东京的独逸语学协会的学校听讲。丁未（一九〇七）年曾和几个友人共学俄文，有许季茀，陈子英（名濬，因徐锡麟案避难来东京），陶望潮（名铸，后以字行曰冶公），汪公权（刘申叔的亲属，后以侦探嫌疑被同盟会人暗杀于上海），共六人，教师名玛利亚孔特，居于神田，盖以革命逃亡日本者。未几子英先退，独自从师学，望潮因将往长崎从俄人学造炸药亦去，四人无力支持，遂解散。戊申（一九〇八）年从章太炎先生讲学，来者有许季茀，钱均甫（家治），朱逷先（希祖），钱德潜（名夏，后改名玄同），朱蓬仙（宗莱），龚未生（宝铨），共八人，每星期日至小石川的民报社，听讲《说文解字》。丙午丁未之际我们翻译小说《匈奴奇士录》，还多用林琴南笔调，这时候就有点不满意，即严幾道的文章也嫌它有八股气了。以后写文多喜用本字古义，《域外小说集》中大都如此，斯谛普虐克的《一文钱》——这篇小品我至今还是很喜欢——曾登在《民报》上，请太炎先生看过，改定好些地方，至庚申（一九〇二）年重印，因恐排印为难，始将有些古字再改为通用的字。这虽似一件小事，但影响却并不细小，如写鸟字下面必只有两点，见樑字必觉得讨厌，即其一例，此所谓文字上的一种洁癖，与复古全无关系，且正以有此洁癖乃能知复古之无谓，盖一般复古之徒皆不通，本不配谈，若身穿深衣，手写篆文的复古，虽是高明而亦因此乃不可能也。

豫才在那时代的思想我想差不多可以民族主义包括之，如所介绍的文学亦以被压迫的民族为主，俄则取其反抗压制，求自由也。但他始终不曾加入同盟会，虽然时常出入民报社，所与往来者多是与同盟会有关系的人。他也没有加入光复会。当时陶焕卿（成章）也亡命来东京，因为同乡的关系常来谈天，龚未生大抵同来。焕卿正在联络江浙会党中人，计划起义，太炎先生每戏呼为焕强盗或焕皇帝，来寓时大抵谈某地不久可以"动"起来了，否则讲春秋时外交或战争情形，口讲指画，历历如在目前。尝避日本警吏注意，携文件一部分来寓属代收藏，有洋抄本一，系会党的联合会章，记有一条云，凡犯规者以刀劈之。又有空白票布，红布上盖印，又一枚红缎者，云是“龙头”。焕卿尝笑语曰，填给一张正龙头的票布何如？数月后焕卿移居，乃复来取去。以浙东人的关系，豫才似乎应该是光复会中人了。然而又不然。这是什么缘故呢？我不知道。我所记述的都重在事实，并不在意义，这里也只是记述这么一件事实罢了。

这篇补遗里所记是丙午至己酉（一九〇六至一九〇九）这四年间的事情，在鲁迅一生中属于早年，且也是一个很短的时期，我所要说的本来就只是这一点，所以就此打住了。我曾说过，豫才早年的事情大约我要算知道得顶多，晚年的是在上海的我的兄弟懂得顶清楚，所以关于晚年的事我一句都没有说过，即不知为不知也。早年也且只谈这一部分，差不多全是平淡无奇的事，假如可取，可取当在于此，但或者无可取也就在于此乎。

（廿五年十一月七日，在北平）

【附记】 为行文便利起见，除特别表示敬礼外，人名一律称姓字，不别加敬称。

图书在版编目(CIP)数据

鲁迅的青年时代/周作人著作;锺叔河编订.—长沙:岳麓书社,2020.10

ISBN 978-7-5538-1208-3

Ⅰ.①鲁… Ⅱ.①周…②锺… Ⅲ.①鲁迅(1881—1936)—生平事迹
Ⅳ.①K825.6

中国版本图书馆CIP数据核字(2019)第284628号

LUXUN DE QINGNIAN SHIDAI

鲁迅的青年时代

周作人著作　锺叔河编订

特约编辑:鄢　琨

责任编辑:蒋　浩

责任校对:舒　舍

书籍设计:风格八号

岳麓书社出版发行

地址:湖南省长沙市爱民路47号

直销电话:0731-88804152　0731-88885616

邮编:410006

版次:2020年10月第1版

印次:2020年10月第1次印刷

开本:787mm×1092mm　1/32

印张:5.5

字数:87千字

印数:1—6000

ISBN 978-7-5538-1208-3

定价:24.00元

承印:长沙鸿发印务实业有限公司

如有印装质量问题,请与本社印务部联系

电话:0731-88884129